초중당도 뿔났다

이 도서의 국립중앙도서관 출판시도서목록(CIP)은 e-CIP 홈페이지
(http://www.nl.go.kr/cip.php)에서 이용하실 수 있습니다.
(CIP 제어번호 : CIP2008001625)

 정치풍자콩트

ⓒ 화남, 2008 기획 박선욱

2008년 5월 26일 초판 1쇄 찍음
2008년 5월 30일 초판 1쇄 펴냄

글 | 김성동 외   그림 | 김용민
펴낸이 | 방남수
펴낸곳 | 도서출판 **화남**
편집고문 | 김영현
편집주간 | 이승철
편집위원 | 박선욱, 이재무, 현준만, 임동확
편집 · 디자인 | 정고은, 현정

등록 | 제2-1831호(1994.9.26.)
주소 | (121-838) 서울시 마포구 망원1동 377-1 602호
전화 | (02)3142-4787 팩스 | (02)3142-4784

ISBN 978-89-6203-001-3 03810
값 10,000원
* 잘못된 책은 바꿔 드립니다.

김성동 · 공선옥 · 한창훈
이남희 · 안재성 · 임영태
김상영 · 이시백 · 김곰치
윤동수 · 조헌용 · 유응오
최용탁 · 유영갑 · 김현영
유시연 · 박구홍 · 정용국
박숙희 · 김종성 · 강기희
박선욱

김용민

화남

머리말

　우리 사회는 지금 거대한 격랑을 만나 표류하는 배처럼 위태롭기 짝이 없어 보입니다. 평생 건설 현장을 누비던 대통령이 대선 공약임을 내세워 추진하는 대운하의 급류에 온 산과 온 강이, 한반도의 평화와 미래까지 몽땅 휩쓸려갈 위기에 처해 있습니다.
　전 인수위원장의 발언과 대통령의 정책 피력으로 촉발된 '영어 몰입식 교육'은 현재 전국 단위의 사교육 열풍을 불러일으켜 교육계의 난제 중의 난제로 치달아 가고 있는 실정입니다. 그런가 하면 존폐의 기로에 서 있던 국보법이 난데없이 활개를 치며 사상과 표현의 자유를 억압하고 있고, 적법한 절차를 밟아 파업 중이던 노동자와 추모제에 참석한 교사들에 대해 공권력을 동원해 대량 구속하는 등 이른바 '신新공안정국'이 도래하는 기현상이 속출하고 있습니다.
　도대체 삼면이 바다로 둘러싸인 천혜의 조건을 마다하고 산

천을 굽이쳐 흘러가는 아름다운 생명의 강을 파헤쳐 운하를 만들겠다는 발상은 어디서 나왔을까요. 국민들의 먹을거리와 안전을 도외시한 채 졸속 선심성 외교의 결과물이 돼버린 미국산 30개월짜리 쇠고기 전면 수입 파동, 1% 부자들로 구성된 강부자 고소영 내각 인사들의 부동산 투기와 위장 전입, 탈세 등 매일 악취를 풍기는 현실은 어디까지 흘러갈까요. 알 수가 없습니다.

지금 청계천과 광화문, 시청과 여의도 등 서울 주요 도심에서는 밤마다 교복을 입은 2.0세대들의 촛불 시위가 한창입니다. 386세대 부모를 둔 똑똑한 중고등학생들이 우리나라의 불안한 미래를 걱정하며 자신들의 이야기를 열렬히 토로하고 있습니다. 적게는 수십억대, 많게는 수백억, 수천억대의 재산가들로 구성된 나라의 실권자들은 왜 이 아이들에게 불안과 고통을 짐 지우고 있는지 알다가도 모르겠습니다. 초롱초롱한 눈빛의 아이들에게서 우리나라의 미래를 예감하는 게 그나마 다행입니다.

　역사의 시계가 거꾸로 돌아가는 해괴한 이 현상을 우리 문학인들은 더 이상 좌시할 수가 없어 기어이 펜을 들었습니다. 이 책에 필자로 참여한 22명의 작가들은 문학 본연의 정연한 자세로 현 상황을 직시하며, 높은 권좌에 앉아 비틀거리는 정치인들의 몽매와 의뭉스러움을 때로는 준엄하게, 때로는 해학과 웃음을 버무려 풍자하고 야유하기를 주저하지 않았음을 밝힙니다.

　이 책 『초중딩도 뿔났다』에 수록된 22편의 콩트는 대체로 국토 훼절과 생태계 파괴로 이어지는 한반도 대운하 비판, 국민 식생활 교란 및 위험성을 경고하는 미국산 쇠고기 수입 문제에 대한 경고, 영어 몰입교육의 허구성에 대한 비판, 1% 부자 내각의 추악한 비리 고발, 강부자 고소영 소망교회 인맥 등 측근 정치에 대한 비판 등의 내용이 해학적인 문체와 날카로운 풍자의 필치로 그려져 있습니다.

　이 책에 수록된 콩트의 내용은 우리 시대의 배가 더 이상 난파하지 않도록 진심으로 바라는 문학적 회구입니다. 설령 정권 담당자들의 허위를 공격하고 그 위선을 까발리는 내용이라 할지라도 진정 우리나라 산천과 백성의 숨결을 잊지 말아 달라는 염원이 바탕에 깔려 있음은 굳이 강조하지 않아도 누구나 알 것입니다.
　이 책을 보며 우리 모두가 한바탕 웃고 넘어가되, 이 땅 이 하늘 아래 모든 만물이 참으로 다치지 않고 오래오래 그 본디 모습으로 살아갈 여정을 계속하기를 바랍니다. 바라건대, 깊이 생각을 모아 서로 섬기는 세상이 되었으면 합니다.

2008년 여름
편집자

차례

김성동 굿모닝, 오륀쥐 13

공선옥 영감님이 뿔났다 31

한창훈 다시, 구멍에 대하여 43

이남희 천국행 KTX 53

안재성 나 돌아갈래! 63

임영태 영호 씨의 코드는 저질 국민이다 77

김상영 뼈대 있는 집안 85

이시백 몰입沒入 95

김곰치 악몽 107

윤동수 내 말을 믿지 마라! 117

조헌용 금이 나왔다 131

유응오 유 기자의 '특종' 143

최용탁 뭘 잃어버렸다고? 153

유영갑 은평리 이장 선거 163

김현영 기쁘다 구주 오셨네 173

유시연 미국놈 만세다 183

박구홍 세상에서 펄벅과 박경리님을 가장 사랑하는
어느 귀부인의 경우 193

정용국 여민락與民樂 205

박숙희 양아치, 큰형님을 만나다 217

김종성 낯선 손님 227

강기희 저거, 홍식이 아녀? 237

박선욱 달인 247

김성동

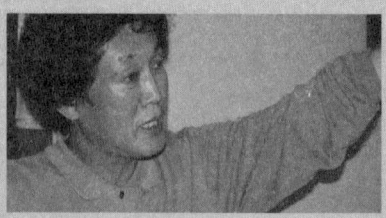

1947년 충남 보령 출생.
1975년 『주간종교』에 단편 「목탁조(木鐸鳥)」가 당선되어 문단에 나옴.
1978년 『한국문학』 신인상 공모에 중편 「만다라」가 당선된 뒤, 이듬해 장편 『만다라』를 개작 출간하여 문단과 독서계에 커다란 반향을 불러일으킴.
1998년 『시와 함께』에 「중생」 외 10편을 발표하여 시작 활동을 겸하고 있음.
창작집으로 『피안의 새』 『오막살이 집 한 채』 『붉은 단추』가 있고, 장편소설로 『길』 『집』 『국수(國手)』 『꿈』 등이 있으며, 우의(寓意)소설 『염소』 등이 있음.

굿모닝,
오렌지

굿모닝, 오륀쥐

 아무개 씨가 대통령에 당선되었을 때였다. 사람들은 짝짝짝 손뼉을 쳤다. 사람들 가운데서 노동자와 농민을 머리로 한 도시 서민들은 손뼉을 쳤다. 손뼉만 친 게 아니라 발을 굴러 뛰어오르며 부르짖었다.
 "우리네를 대변해 줄 정권이 세워졌다."

노동자와 농민들을 머리로 한 도시 서민들만이 아니었다. 이른바 중산층들도 손뼉을 쳤다. 손뼉을 치면서 두근거리는 가슴으로 소리쳤다.

"드디어 우리 중산층들도 상류층으로 올라갈 수 있게 되었다."

중산층만이 아니었다. 이른바 진보적이라는 비판적 먹물들도 손뼉을 쳤다. 손뼉을 치면서 조심스럽게 말하였다.

"자주적 민족정권을 세울 수 있는 단초를 잡았다."

청와대에 들어가기 전 백일 동안 아무개 씨와 아무개 씨를 곁부축한다는 사람들은 입을 모아 민족자주를 부르짖었다. 입을 모아 민족자립을 부르짖었다. 그들이 부르짖는 대로만 나라 살림이 꾸려진다면 이 나라는 머지않아 줏대 센 살림살이를 옹골차게 꾸려 제대로 된 나라가 될 것 같았다. 사람들은 신명이 나서 밥을 안 먹어도 배가 부른 것 같았다.

"저, 저, 저런 가히 같은……."

텔레비전을 보던 소설가 김씨는 벌떡 솟구쳐 일어났다. 아무개 씨가 청와대 집무실로 첫 등청을 하는 날이었다. 텔레비전과 라디오 방송국이며 신문사마다 온 나라 사람들한테 새로 뽑힌 대통령이 첫 등청을 하는 모습을 생중계하는 자리였다. 앞방석 곁방석들이 두 줄로 죽 늘어서서 손뼉 쳐대는 곳으로 들어선 대통령이 오른손을 어깨 위로 척 들어 올리며 이렇게 말하던 것이었다.

"굿모오오니잉!"

그때에 소설가 김씨 입에서 터져 나온 말이 있으니, "관세으음보살."

그렇게 말해서는 안 되는 것이었다. 비록 찢겨지고 거덜나버린 반쪼가리 나라일망정 그 반쪼가리 나라와 겨레 명운을 길라잡이하겠다고 나선 사람이 온 나라 사람을 보고 하는 첫마디가 해행문자蟹行文字라니. 북미합중국 대통령 집무실이 있는 '화이트하우스'라고 착각한 것인가. 나라 살림을 맡아 하는 공직자라면 그 자리가 비록 면서기와 동서기에 지나지 않는다고 할지라도 말 한 마디 한 마디에 지극한 조심성이 있어야 마땅하거늘, 하물며 대통령임에랴. 명색이 대통령이라는 사람이 첫마디로 해행문자를 쓰는 것을 본 김씨는 그 말이 꼭 종주국 황제한테 첫 문안인사를 올리는 식민지 총독 소리로 들리던 것이다.

아무개 씨한테 3백 표 이상은 몰아줬다고 생각하는 김씨였다. 대통령 선거 기간 동안 그는 강원도 오대산 자락에 있는 토굴에서 면벽수도 비스무레한 삶을 살고 있었는데, 꼽아보니 30명쯤 될 사람들이 찾아왔던 것이다. 모두 핏종발이 나 있는 끌끌한 젊은이들이었고, 모두들 나라 명운을 걱정하고 있었다. 이른바 바벨탑 사태, 곧 구일일 테러라는 것이 터졌을 때여서 조선민주주의인민공화국과 북미합중국 사이 긴장관계를 걱정하는 그들에게 이렇게 말하였다.

"이건 이 시대의 역사적 요구다."

대통령 선거라는 것은 겨레의 목숨 줄이 걸린 문제이니 북미합중국이 파견한 총독에 지나지 않는 수구 기득권 세력 대표가 청와대에 들어가는 것만은 어떻게 하든 막아야 된다는 말이었다. 김씨는 소리쳤다.

"한 사람이 백 표 이상씩 책임지자!"

모두들 무슨 비밀결사를 맺는 지하 조직원처럼 비장한 얼굴로 소주잔을 부딪쳤으니, 마치 팔일오 뒤 남조선노동당 당원이라도 된 기분이었다. 30명이 백 표 이상씩이면 3천 표인데 늑게 잡아 3백 표는 되지 않겠는가 하는 것이 김씨 생각이었다. 그런데 그렇게 뽑혀진 사람이 하는 첫마디 말씀이 영어 나부랭이라니. 그것도 온 나라 사람들 앞에서 하는 첫마디가 세계 황제가 있는 대국나라 말이라니.

그런데 더구나 김씨가 놀란 것은 아무도 그 잘못됨을 가리키지 않는다는 점이었다. 이미 따놓은 자리를 지켜내기 위하여 그렇게도 기를 쓰고 대통령님 일거수일투족을 물고 늘어져 잘기둥잘기둥 씹어대는 이른바 수구언론 그 어디서도 '굿모닝'을 가지고는 으르렁거리지 않던 것이었다. 세상에서 말하는 바 진보적이라는 언론 또한 마찬가지였다. 한 나라 대통령이라는 사람의 기껏 '굿모닝'이라는 양말 인사를 들으며 짝짝짝 박수 치는 앞방석 곁방석들이 두 줄로 빽빽하게 늘어선 것이 권위적이라며 제법 날카로운 지적을 했다는 양 흐뭇해하던 것이었다. 온 나라 사람들 앞에서 한다는 첫마디가 영어라는 것이 왜 문제가 되는 것인지 그 문제점조자 밝혀내지 못하는 것이었으니, 영어라는 물건이 이미 국어가 되어 버렸다는 것인가. 나랏사람 거지반이 영어제국주의의 충용한 신민이 되어버린 까닭이요 숭미사대주의와 공미굴종주의에 빠져버린 까닭임을 알 것 같은 김씨였다. 말이 무너지면 얼이 빠지고 얼이 빠지면 나라가 결딴난다는 것이야말로 만고불변의 진리가 아닌가. 한마디로 양키의 종놈이 되어버린 사람들인 것이다. 이른바 문학을 한다는 사람들 또한 마찬가지였으니, 김씨가 '굿모닝' 이야기를 할 때마다 이렇게 되묻던 것이었다.

"그런 일이 있었나요?"

제법 날카로운 비판정신을 가지고 있는 척하는 먹물들까지 그렇게 말하는 것을 본 김씨는 슬그머니 걱정이 되는 것이었으니, 내가 잘못 들었나? 그래서 민족문학작가회의라는 진보적 문학인 모임 기관지에 그 이야기를 썼던 것이다. 잘못 듣고 쓴 것이라면 국가원수 모독죄로 잡혀갈 각오를 하고서였다. 그런데 5년이 지난 지금까지 사법기관에서 아무런 말이 없는 것을 보면 김씨가 잘못 들은 것이 아니었던 것이다.

그러면 그렇지. 하나를 보면 열을 안다고 '굿모닝정권' 우두머리가 미국에 갔을 때였다. 미국한테 할 말은 하겠다며 민족자주의식을 바탕으로 민족의 자존심을 세우겠다는 공약을 내걸어 역사의식과 민족의식 있는 이들 뒷받침을 받아 대통령이 된 사람이 "미국이 아니었으면 6·25때 수용소에 갔을 것"이라며 황제 부시 앞에서 푸들강아지 노릇을 하고 돌아와서는 '한미에프티에이'에 목을 매던 것이었다.

겨레 삶의 밑바탕 뿌리인 농촌을 거덜 내어 농민을 없애버리고 "연봉 6천만 원이 못 되는 사람들은 죄 이민을 가지 않을 도리가 없다."는 망국적 불평등조약을 미국 일정에 맞추어 체결해 주기 위하여 갖은 짓을 다 하던 것이었다.

뿐인가. 미제국주의 품팔이 병대를 보내었다. 우리 겨레와 아무런 은원관계가 없는 아프가니스탄과 이라크에 보내어 그 나라 인민들의 피어린 독립운동에 죽젓개질을 치던 것이었다. 유세 때는 목청 높여 새만금사업을 막겠다던 사람이 나라에 무서운 동티를 가져올 그 일로 떼돈을 벌겠다는 토건업자들 손을 들어 주었다. 그런 사람이 청와대를 나온 다음에는 환경운동을 하겠다고 하여 소도 웃게 만들더니, 자기가 한 말에 책임을 지겠다는 것인가. 경호원들과 비서관에 둘러싸인 으리으리한 고향땅 저택에서 장군차나무를 심겠다고 한다. 잎이 넙적하게 잘생겨서 장군차나무라고 불린다는 그 차나무를 심고 가꾸는 법과 가마솥에 넣고 덖는 법까지 배워 고향 사람들 소득증대에 기여하겠다고 한다. 고향마을 이웃 사람들과 아침에 만나게 되면 이렇게 인사를 할까.

"굿모오오니이잉!"

옛말 그른 것 하나 없다더니, 승냥이가 물러가자 호랑이가 다가온 것인가. 급하게 잔을 뒤집고 난 소설가 김씨는 돋보기를 걸쳤다. 그리고 아는 보살이 뽑아다 준 인터넷 기사를 들여다보았다. 동업자인 이 아무 소설가가 올린 글이었다.

〈한글도 제대로 쓸 줄 모르는 분이 국어와 국사를 영어로 가르쳐야 한다고 주장하신다.

무슨 망언인가. 이 분이 과연 대한민국의 언어와 역사를 얼마나 알고 계시기에 그런 망언을 서슴지 않는 것일까. 모든 문인들이 영어로 글을 써야 한다고 주장하지 않는 것을 천만다행으로 생각해야 할까. 그러실 바에는 차라리 미국으로 이민이나 가시라고 말씀드리고 싶다.

이아무개 씨가 서명한 날짜는 6월 6일 현충일이다. 그리고 이아무개 씨가 지칭한 당신들은 순국선열들이다. 그분들이 목숨을 바쳐 지키신 문화유산을 소멸 또는 약화시키겠다는 발언에 어떤 타당성이 있는가. 나는 정치와 무관한 견지에서 이 글을 올리는 것이니 오해 없으시길 바란다.〉

기사는 이렇게 시작되고 있었다.

〈인기 소설가 이아무개 씨가 두 나라당 이아무개 씨의 교육관을 최근 신랄하게 꼬집었다. 이씨는 지난 10일 자신의 홈페이지에 올린 글에서 "한글도 제대로 쓸 줄 모르는 분이 국어와 국사를 영어로 가르쳐야 한다고 주장한다"면서 "무슨 망언인가. 과연 대한

민국의 언어와 역사를 얼마나 알고 계시기에 저런 망언을 서슴지 않는 것일까"라고 비꼬았다.

이씨는 이아무개 후보가 지난 6월 국립현충원을 방문해 남긴 방명록 사진을 함께 올려 맞춤법이 틀린 부분을 조목조목 지적하며 이같이 밝혔다. 이 후보는 당시 방명록에 "모든것을 받치겠읍니다"는 등 띄어쓰기와 맞춤법에 맞지 않는 글을 남겼다.〉

사진으로 박혀 있는 이아무개 씨 글이다.

〈당신들의 희생을 결코 잊지 않겠읍니다. 번영된 조국, 평화통일을 이루는데 모든것을 받치겠읍니다. 2007. 6. 6. 이아무개〉

기사는 이렇게 끝을 맺고 있었다.

〈이와 관련해 자유평등노동당 권아무개 후보의 박아무개 대변인은 18일 논평에서 "이아무개 씨의 지적처럼 한글도 모르면서 영어로 국어와 국사를 가르치자고 하는 발상이나, 재벌에 대한 특혜성 정책으로 경제를 살리고 서민을 살리겠다는 접근 모두 '선무당 이아무개'가 생사람 잡을 위험천만한 일이 아니냐"고 비판했다.

소설가 김씨는 돌돌붓을 잡았다. 인터넷에 올리기 위한 글을 썼다.

〈착한 대통령이 보고 싶다.

'두 겨레 대선 경선 후보 검증' 자리에서 재미있게 읽은 것이 '궁금한 30문 30답'이었다. 그 가운데서도 '일 잘하고 못된 사람,

일은 못해도 착한 사람 가운데 누구와 일할지'를 묻는 꼭지였다. 신문에 적힌 순서대로 적어보면-

나아무개 후보-"두 사람 모두 그들의 장점을 극대화하고 단점을 최소화하면서 함께 파트너가 될 수 있다고 생각한다."

신아무개 후보-"일 잘하고 못된 사람, 그러나 일 잘하고 착한 사람을 '수배' 해 보겠다."

견아무개 후보-"아무래도 일은 못해도 착한 사람이라고 해야겠죠. 어렵네요."

'노련한 정객' 내음이 나는 나아무개 후보 답변은 논외로 하고, 재미있는 것이 신아무개 후보와 견아무개 후보 답변인데, 참으로 많은 생각을 하게 한다. 두 후보가 정권을 잡아 마침내 이루어내고자 하는 세상이 어떤 세상인가를 미루어 짐작하게 해주기 때문이다.

자본주의 문명 또는 자본주의 경제체제라는 것이 무엇인가. 한마디로 줄여 사회적 약자와 민족적 약자 그리고 자연생태계에 대한 제국주의적 공격과 착취와 수탈과 지배를 그 구조적 원리로 하는 체제가 아닌가. 일을 열심히 해서 국가경제를 성장시킬수록 빈부 격차는 더 벌어지고 생태적 위기는 더 깊어질 수밖에 없는 이 모순을 그러므로 어떻게 할 것인가. 경제성장만 하면 우리 삶은 행복해지는가. 이른바 '경제 대통령' 만 뽑으면 우리나라는 부강해지는가. 그리고 그 행복과 부강은 누가 차지하는가.

땀 흘려 일하는 노동자·농민·서민 대중들이 바라는 지도자는 일 잘하는 사람이 아니다. 많이 배워서 똑똑한 사람이 아니다. 말 잘하는 사람이 아니다.

나날살이가 버거운 인민대중들이 바라는 지도자는 착한 사람이다. 내가 버리는 뜨거운 물 한바가지가 땅 속에 사는 숱한 목숨붙이들을 죽일 수 있으므로 발발 떨면서 식힌 물을 조금씩 살살 버릴 수 있는 사람이다. 그런 마음가짐으로 인민대중들 살림살이를 짯짯이 살펴가며 나라살림을 꾸려갈 수 있는 사람이다. 정직한 사람이다. 말과 행동이 한가지로 똑같은 사람이다. 땅에 떨어진 이 겨레의 자존심을 세워줄 수 있는 사람이다. 말재주는 없고 일은 조금 잘못 하더라도 그 마음바탕이 착한 사람이다. 아니다. 그렇지 않다. 이것은 설문 자체가 잘못된 것이다. 많이 배워서 말 잘하고 똑똑하다는 사람들이 만들어온 역사가 어떤 역사였던가는 우리 사람무리 역사 오천년이 웅변해 주고 있지 않은가.

참으로 착한 사람은 일 또한 잘할 수밖에 없다. 사람은 착한데 일은 잘못한다는 말은 이루어질 수 없으니―조금만 착하거나 가짜로 착한 사람 경우이지 진짜로 착한 사람은 이 우주 삼라만상이 돌아가는 자연계 이치를 잘 아는 사람이기 때문이다. 최고로 착한 사람을 가리켜 '성인'이라고 부르기 때문이다. 그 마음바탕이 참으로 착해서 나랏사람 모두를 제 식구처럼 생각할 수 있는 대통령과 술 한잔 나누고 싶다.〉

자유평등노동당 후보인 견아무개 씨가 대통령에 당선되어 낫과 망치를 든 사람들이 주인 되는 새 세상을 열어가리라고 믿어서는 아니었다. 제국주의로서의 북미합중국이 무너지지 않는 한 그것은 그야말로 이루어질 수 없는 꿈 아닌가. 서구에서는 사회주의자와 자본주의자들이 겨끔내기로 정권을 잡고 중남미 나라들 거의 모두에 사회주의정권이 들어섰지만 그것은 그야말로 다른 동네 이야기인 것이고, 안 된다. 인민대중들이 별처럼 깨어나지 않고서는 어림 반 푼어치도 없는 일이다. 잠들어 있는 인민대중들 의식을 깨우쳐 평등하고 자유로운 나라를 만들겠다고 파쇼의 무리들과 피 흘리며 싸우던 삼팔륙 사람들이 만든 것이 이른바 '굿모닝정권' 아니었던가. 망해야 된다. 철저하게 망하고 거덜 나서 갈 데까지 가야 한다. 그리고 그렇게 폭삭 망해버린 폐허에서부터 다시 시작해야 한다. 세상에서 말하는 바 민주화운동 대부로 무슨 장관까지 지냈다는 사람이 주먹을 불끈 쥐고 외치던 해행문자를 떠올리며 소설가 김씨는 부르르 진저리를 쳤다.

"화이팅!"

"그렇게 말하시면 안 되지요."
대통령에 당선된 아무개 씨가 대통령직인수위원회를 방문했을 때 한 인수위원장이라는 사람 말이었다. 인수위원은 이렇게 인사를 하였던 것이다.

"안녕하십니까?"

새로 들어선 최고 권력자 앞에서 무슨 잘못을 저질렀는가 싶어 바짝 쫄아 있는 인수위원이었는데, 인수위원장이 대통령 당선자 손을 잡았다. 그리고

"굿모오오니잉."

하고 말하면서 인수위원을 돌아보았다.

"이렇게 인사드려야지요. 후진국스럽게 안녕하세요가 뭐예요. 영어로 말해야지."

그러면서 하였다는 그 인수위원장 말은 참으로 놀라운 것이었으니, 영어교육을 강화해야 된다는 것이었다. 그것도 흘되게 강화만 하는 게 아니라 숫제 에이비씨부터 다시 가르쳐야 된다는 것이었다. 초중고등학교에서 영어몰입교육을 하고 국어와 국사며 수학에 과학 같은 과목들도 죄 영어로만 가르쳐야 된다고 하였으니, 대통령 당선자 뜻을 충실히 따른 것이었다. 우선 발음부터 정확하게 다시 가르쳐야 한다며 이렇게 말하였다.

"오렌지라고 하면 미국사람들이 무슨 말인지 못 알아들어요. 오륀쥐라고 해야지."

대통령 당선자가 나라 살림살이를 이끌어 갈 각료 명단을 발표하였는데, 난리가 났다. 우두머리 되는 국무총리부터 부동산 투기꾼에 가짜 경력이며 교수 출신이라는 사람이 발표한 논문들이 남의 것을 베끼거나 짜깁기한 것이고 펴냈다는 책까지 숫제 다른

사람 것을 통째로 베낀 것이었다. 그 자제들은 또 미국 시민인 처지로 건강보험료도 안 내면서 대한민국 병원으로 건너와서 의료보험 혜택을 받는 것 따위는 차라리 문제도 되지 않는 것이었다.

소설가 김씨가 더구나 견딜 수 없는 것은 누구도 이 사람들 출신성분에 대해서는 말을 하지 않는다는 점이었다. 그 아버지와 할아버지들이 일제 때 무슨 짓을 했는지에 대해서 따져보지 않는다는 점이었다.

"작은 허물이야 누구한테나 있는 것이고, 문제는 그 능력이다. 일만 잘하면 된다."

대통령 당선자가 한 말인데, 과연 그러한가?

수많은 광주 인민들을 학살하고 들어선 군사깡패정권에서 평시 국회의원격인 입법위원을 하고 그 군사깡패정권에서 만든 정당 비례대표로 국회의원을 하다가 이름난 여자대학교 총장으로 있는 사람이라면 더구나 짯짯이 살펴보고 또 따져봐야 하는 게 아닌가. 거지반 인민대중들이 초근목피로 연명하던 보릿고개 시절 초중고등학교를 일류로만 나와서 미국 유학을 하고 박사를 따서 교수를 하고 또 오랫동안 총장을 하는 사람이라면, 그런 사람이 그렇게 높은 자리에 앉아 한 말이라면, 더구나 그 집안 내력을 짯짯이 살펴봐야 하는 게 아닌가.

"그러면 그렇지!"

아는 보살이 뽑아다 준 인터넷 기사를 본 소설가 김씨는 무릎을 쳤다. 대통령직 인수위원장으로 국무총리 물망에 오르는 그 여성 부친이 친일파라는 것이었다. 〈친일파 후손 '이너서클' 실체를 아시나요?〉라는 제목 아래 정치·경제·사회·학계에서 휜목 젖히고 사는 이들 뿌리를 캐내는 작업을 하는 이들이 있었다. '민족반역자 처단위원회'라는 섬찟한 이름이었다. 인수위원장 부친이 한 구체적 친일행위 내용을 '추적 중'이라고 하였다.

콩 심은 데 콩 나고 팥 심은 데 팥 난다더니……. 옛말 그른 것 하나 없구나. 그런데 하늘 그물이 넓고 넓어 성긴 듯하나 물 부어 샐 틈 없다던 옛사람들 말씀은 어떻게 되는 것인가. 하늘 밑에 벌레들이 짓게 되는 그 하 많은 업이며 업을 바탕으로 한 윤회며 윤회의 속알갱이가 되는 인과응보의 법칙이라는 것은 그리고 또 어떻게 되는 것인가. 아아, 푸른 하늘은 어디에 있는가. 친일파 후손은 친미파가 되어 온갖 부귀영화를 누리며 떵떵거리고 사는데, 독립운동가 후손들은 찢어지는 찰가난 탓에 제대로 교육을 못 받아 앵벌이 노숙자가 되고…….

소설가 김씨가 급하게 화학주 담긴 잔만 뒤집고 있는데, 아는 보살이 왔다.

"오렌지라고 발음하면 오렌지를 안 판대요."

"그게 무슨 말씀이시오?"

"오륀쥐라고 해야 된대요. 그래서 사람들이 모두 오륀쥐 발음이 나게 혀를 끊어내는 수술을 한다고 난리여요, 시방."

"농담이 심하시네요. 썰렁하게."

"정말이라니까요. 오륀쥐라고 하지 않으면 오렌지를·팔지 말라는 대통령 특별명령이란 게 떨어졌다니까요, 시방."

하도 어이가 없어 김씨가 잔만 뒤집는데, 보살이 걱정스러운 눈빛으로 김씨를 바라보았다.

"앞으로는 소설도 영어로만 써야 된다는데…… 어떡하지요?"

공선옥

1963년 전라남도 곡성 출생.
1991년 『창작과 비평』 겨울호에 중편 「씨앗불」을 발표하며 문단에 나옴.
소설집으로 『피어라 수선화』, 『내 생의 알리바이』, 『멋진 한세상』, 『명랑한 밤길』, 『유랑가족』이 있고, 산문집으로 『자운영 꽃밭에서 나는 울었네』, 『마흔에 길을 나서다』, 『사는 게 거짓말 같을 때』 등이 있으며, 장편소설 『오지리에 두고 온 서른 살』, 동화 『울지 마, 산타』 등 다수의 저서가 있음.
1995년 제13회 신동엽창작상을 받았고, 2005년 올해의 예술가상을 수상함.

영감님이 뿔났다

영감님이 뿔났다

대통령께서 라면 값을 다 걱정해주시다니, 참 눈물이 난다, 눈물이 나. 영감님은 아침신문을 뒤적거리며 중얼거렸다. 부엌에서 한참 설거지를 하던 마나님이 뭐시라고요? 묻는다.

"그냥 해보는 소리여. 당신 하던 일이나 하라고."

마나님이 삐죽 나온 입을 한 채 행주를 꾹 비틀어 물기를 짠다.

안되겠다 싶다. 마나님 비위 잘못 건드리면 오늘 점심은 못 얻어먹을 수도 있다.

"왜, 알고 싶어?"

"알고 싶지, 그럼."

요즘 마나님은 시력이 안 좋아 글을 아예 읽지를 못한다. 시력이 안 좋아진 뒤부터 마나님은 부쩍 짜증도 잘 내고 삐치기도 잘하고 성질이 더 나빠진 것 같다.

영감님은 마나님이 짜증을 낼 때마다 아내가 저러는 건 자신이 집안에 틀어박힌 후부터가 아니라 시력이 나빠진 뒤부터라고 굳이 믿고 싶다.

"대통령이 말이야, 서민들은 라면 값 백 원 오르는 것도 크게 느껴진다고 했다지 않아. 이렇게 서민 생각해주는 대통령은 박통 다음으로 처음 보는 것 같애. 그러니 눈물이 다 나올려고 한다고."

"퍽이나 눈물 나오게 생겼소. 나는 이놈의 다리가 아파 눈물이 나요."

설거지를 끝낸 마나님이 방바닥에 두 다리를 뻗고 앉아 주무르며 하는 소리다.

"앵이이……저렇게 정치에 관심이 없어서야 원."

"그래요, 나는 원래는 정치에 관심 없었거등. 근데 어떻게 된 세상인지 나같이 정치에 관심 없던 여편네도 요새는 그놈의 정치 땜에 힘들어 죽겠소."

"그것이 뭔 말이여?"

"내가 누구 땜에 지금 이 늙은 나이에 부엌 찬모 노릇을 하고 있느냔 말이요."

"그거야, 애들이 빨리 나가야 하기 때문에……."

"그러니까 내 말은 애들을 빨리 출근시키는 게 누구냔 말이냐고요."

"그거야…… 부지런한 대통령을 뽑아서리……."

"대통령 자기 혼자 부지런하면 되지, 왜 다른 사람들까지 자기처럼 하라고 해서는 이 늙은이 고생을 시키느냔 말이요, 내 말이."

그러니까, 공무원인 아들이 대통령 바뀐 뒤로 새벽별을 보고 출근하고 새벽별 보고 퇴근을 할 때까지는 아직 괜찮았다. 그런데, 공무원도 아니고 회사원인 며느리까지 새벽같이 출근을 하는 바람에 손주들 밥 먹여서 유치원 보내고 학교 보내는 일이 고스란히 마나님 책임으로 떨어진 것이 문제였다.

아들이 날이 새기도 전에 출근을 하기에, '비상 걸렸느냐' 고 물었다. 영감님도 공무원 출신이었다. 영감님은 구청 소속 청소부였다. 청소 일이 구청 소속에서 용역으로 바뀐 뒤에 영감님의 공무원 신분도 끝났다. 그것이 벌써 십여 년 전 일이다.

영감님은 자신이 '건국 이래 최초로 여야 정권교체를 이룬' 정권의 직접적 피해를 입은 당사자라 여겼다.

카드 사태는 또 어떤가.

그 '여야 정권교체' 정권이 남발한 카드로 속없는 둘째아들이 말려들어 카드빚으로 집도 잃고 이혼까지 했다. 그 정권을 이어받은 무슨 참여정권인지, 정부인지도 영감님은 공연스레 미웠다. 사람들이 자기가 넘어져 놓고도 다 대통령 탓이라고 하는 것이 왠지 모르게 고소했고 야당이 '잃어버린 10년' 이라고 하는 것이 절절하게 가슴에 와 닿았다.

영감님은 다시 한 번 여야 정권교체가 이루어지기를 누구보다 간절히 바랐다. 그러면 자신과 둘째아들이 잃어버린 10년을 돌려받을 순 없겠지만 한풀이라도 좀 될 것 같았다.

어쨌든, 영감님은 공무원이 정시보다 일찍 출근할 때는 '비상시' 에 그렇다는 것으로 알고 있었다.

하기야 새 대통령 뽑히자마자 남대문이 불탄 것이 보통 일은 아닌지라 비상이 걸릴 성도 싶었다. 그런데, 아들은

"어리버리 정권이 탄생해서 그렇습니다."

하는 것이 아닌가.

"이 정권이 어리버리하다고?"

"얼리버드요, 왜 있지 않아요. 일찍 일어나는 새가······."

그러면서 아들은 빈속인 채로 출근을 했다.

"어이, 할멈, 그래도 새 대통령이 잘해보자고 나서는데 뭔가 분위기를 일신할 겸해서 다들 구두끈도 조이고 허리끈도 조여서 새로운 시대를 열어감이 옳지 않겠소? 말도 있지 않소? 일찍 일어나

는 새가 먹이를 문다. 아니, 먹이를 많이 차지한다. 아니, 많이 찾는다…… 하여간 그런 말이 있어요."

마누라가 화났다고 자기까지 흥분할 일은 아니었다. 남자가 체면과 체통이 있지, 상대방 따라서 부화뇌동할 수는 없는 일이었다. 그래서 없는 체면 좀 세워 보겠다고 아들이 '어리버리' 뭐라고 하던 말이 생각나 써본 말인데, 그조차 맘대로 되지 않아 그나마의 체면조차 구겨먹게 생겼다.

영감님이 마나님 앞에서 문자 속을 제대로 쓰지 못한 것은 아들이 서둘러 현관문을 나서는 통에 제대로 듣지를 못한 탓이 크다. 며느리한테도 공무인인 니 남편은 그렇다 치고 회사원인 너는 왜 대통령 바뀌고 나서 갑자기 출근 시간이 빨라졌느냐고 묻기는 물었었다.

"대통령이 비즈니스 푸렌드리, 아니, 후렌드리 한다고 난린데, 비즈니스계도 후렌드리해야 하니까 그렇죠."

아이고, 물은 내가 잘못이다, 싶었다. 당최 무슨 말인지를 알아들을 수가 없었기 때문이다. 며느리가 후렌드리 어쩌고 하는 말에 대한 설명을 안 해준 것이 차라리 다행이다 싶다.

만약에 아들처럼 일찍 일어나는 새가 어쩌고 하는 식으로 해석을 해줬다면 또 그것도 써먹어보자고 쓸데없는 애를 썼을 것이고 아무리 마누라가 무식하다 해도 눈치는 빤하니까, 체면은 체면대로 구기고 핀잔은 핀잔대로 얻어먹었을 것이 틀림없었을 것이기 때문이다.

영감님은 슬그머니 일어나 아파트 노인정으로 출근을 했다. 어느 노인정이나 다 그렇겠지만 이 아파트 노인정에도 꼭 잘난 노인들이 몇 명 있다. 특히 요새는 여권신장이 된 세상인지라 할머니 방이 아침부터 시끌짝하다.

슬쩍 들어보니 무슨 영어동화 구연 연습을 하고 있다. 영감님 귀에는 죄다 쑬렁쑬렁하는 소리로밖에 들리지 않는다. 할머니들이 날이면 날마다 시끄러운 음악 틀어놓고 댄스 춤을 춘다고 목소리 큰 할아버지들한테 천박하다고 싫은 소리깨나 들어쌓더니 이젠 고상하게 동화 구연, 그것도 영어동화 구연 쪽으로 방향을 틀었나 보다. 할아버지 방에는 김 영감 혼자 앉아 텔레비전을 보고 있었다.

"새 정부가 영어, 영어 해쌓더니 아파트 할마씨들까지 나서서 저 모냥이여. 시끄러워서 어디 텔레비전을 볼 수가 있나."

텔레비전에서는 마침 대통령이 새로 임명하는 장관을 소개하는 것을 전하는 뉴스가 나온다.

"……대통령은 새 내각을 베스트 오브 베스트라 자부한다고 말했습니다."

영감님이 김 영감에게 물었다.

"베스트오브베스트가 뭔 말이래?"

"뻘소리 아녀?"

"왜 대통령이 뻘소리를 해?"

"뻘소리가 뻘소리지."

"아, 베스트오브베스트라고."

"뭐? 뭔 소리?"

아이고, 마누라는 눈이 어두워졌는데 김 영감은 귀가 어두워진 게 분명하다. 눈이고 귀고 하여간 어디 한군데라도 어두워진 사람 앞에서는 당최 말을 안 하는 게 수다. 노인정도 어수선하고 해서 영감님은 산책이나 할 생각으로 밖으로 나왔다.

마침 과일을 산더미같이 실은 행상트럭이 확성기를 틀어놓고 악을 쓰고 있다.

"이것이 뭣이여?"

"할아버지도, 참. 보면 모르세요? 오렌지 아네요. 자아, 새콤달콤 맛있는 오렌지가 한보따리에 오천 원, 오천 원에 드리고 있습니다아, 달콤새콤한 오렌지가 한보따리에 오천 원, 바나나가 키로에 단돈 천 원, 천 원에 드리고 있습니다. 나오셔서 구경들 하세요오……."

영감님은 과일을 좋아하는 손주 녀석이 생각났다. 할아버지의 유일한 낙은 손주들에게 맛있는 것 사주는 것이 아니던가. 영감님은 주머니를 뒤져 꼬깃꼬깃한 지폐를 꺼내어 오렌지 오천 원어치와 바나나 삼천 원어치를 사서 집으로 돌아왔다.

유치원에서 돌아온 손주 녀석이 오렌지와 바나나를 보더니 탄성을 지른다.

"와아, 어륀지하고 버내너다아!"

"예끼, 녀석아, 이것은 오렌지고 이것은 바나나란다. 나이가 몇 살인데 아직도 세 살 먹은 애기들같이 말을 허는 거여."

"아니예요, 할아버지, 이건 오렌지가 아니고 어륀지란 말예요, 우리 선생님이 가르쳐줬단 말이예요."

"어떤 선생님이, 여섯 살 먹은 애한테 세 살 먹은 애들 말을 그르치는 거여. 아이고, 유치원도 좋은 유치원을 보내야지, 안 되겠다아!"

"아니라구요오, 할아버지는 아무것도 모르면서 그래, 아아아앙, 나 우리 유치원 계속 다닐 거란 말예요오오……."

마나님도 거든다.

"아이고 그려, 할아부지가 암 것도 모르고 그러는 거여. 아이고 내 새끼, 울지 말고 오, 오……."

"어륀지."

"그려, 그려, 그것 먹자."

손주와 마나님의 하는 양을 지켜보고 있는 영감님 머리가 갑자기 비잉 돌았다.

아침부터 뭔가 심상치 않다, 않다 했는데 급기야 열이 나면서 어지럼증이 몰려왔다.

영감님은 이마를 손으로 감싸 쥐었다. 그런데 손바닥에 뭔 이물

감이 느껴졌다.

　이게 뭘까, 뭘까, 하고서 거울 앞으로 갔다. 그런데 놀랍게도, 뿔이, 소나 염소한테서나 나는 뿔이 영감님 이마에 마악 솟아나고 있는 것이 아닌가. 아아, 영감님이 뿔났다!

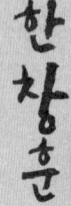 

1963년 전남 여수 출생.
1992년 《대전일보》 신춘문예에 단편 「닻」이 당선되면서 문단에 나옴.
소설집으로 『바다가 아름다운 이유』『가던 새 본다』『세상의 끝으로 간 사람』『청춘가를 불러요』가 있고, 산문소설로 『바다도 가끔은 섬의 그림자를 들여다본다』가 있음. 장편으로 『홍합』『섬, 나는 세상 끝을 산다』『열여섯의 섬』이 있고, 동화 『검은 섬의 전설』이 있으며, 공동기행문으로 『깊고 푸른 바다를 보았지』가 있음.
장편 『홍합』으로 제3회 한겨레문학상을 수상함.

다시, 구멍에 대하여

다시, 구멍에 대하여

 나는 예전에 구멍에 대하여 철학하는 사람 이야기를 한 적이 있다.
 간략하게 말해보자면, 그가 구멍에 대하여 연구 및 공부를 시작한 시점은 열 살 정도였다고 한다. 좁고 어두운 다락방에 누워 있다가 그 나이 아이들이 흔히 그러듯, 컴퍼스를 들고, 어디에 쓰

는 물건인고, 잠시 갸우뚱 하다가 베니어 담벼락을 슬슬 긁어본 게 시작이었던 것이다.

머잖아 구멍이 하나 뚫어졌는데, 그 좁은 곳으로 쏟아져 들어오는 바깥 풍경에 깜짝 놀라고 말았다. 택시와 자전거와 사람의 모습과 동작이 고스란히 맞은편 벽에 거꾸로 재현되었던 것이다. 그게 렌즈의 역할이라는 것은 나중에 알았지만, 이 작은 구멍으로 세상이 통째로 들어온다는 것을 보고 벌어진 입을 다물 수 없었다.

그는 다음날 학교에서 집으로 돌아오다가도 새로운 세계를 만나게 되었다. 서쪽으로 뉘엿뉘엿 넘어가는 해를 보았는데, 다들 아시다시피 뜨거나 질 때의 해는 바라볼 수가 있는 것이어서, 멍하니 고개 들고 터벅터벅 걷다가 문득 제 자리에 서버리고 만 것이다.

해라는 물건이 허공에 떠 있는 것이 아니고 이 세상을 감싸고 있는 지붕에 생긴 구멍은 혹시 아닌가, 싶은 거였다. 그러니까 어쩌면 우주 바깥 저쪽은 빛으로 가득한 세상이고 베니어판의 구멍이 그렇듯, 그 빛이 저 움직이는 구멍을 통해 이곳으로 오는 것 같은, 좀 특이한 발상을 한 것이다. 생각지도 못한 구멍이었다.

그때부터 그의 구멍 철학은 본격적인 탐구의 길을 걷게 되었다. 그러다보니 달은 차갑되 저 홀로 벌어지고 메워지는 그런 구멍이며 별은 산탄총 맞은 자국으로 보였다.

따져보니 구멍 아닌 것이 없었다.

주전자, 샤워기, 펜 꽂이, 라이터, 주사기, 크고 작은 병, 잔, 보일러, 연통, 파리약, 피리, 수챗구멍, 빨대, 단춧구멍, 사진기, 볼펜, 플러그, 압력밥솥, 신발 끈, 자동차 엔진, 가습기, 소화기, 가스레인지, 나팔, 스프링클러, 호스, 제트기, 화물선, 일일이 다 말해 보자면 한 계절 족히 넘을 그럴 물건들이 구멍을 통해 스스로의 쓰임새를 만들고 있었다.

어디 그것뿐인가.

구멍에 대한 그의 사유와 분석은 나날이 발전을 거듭하여 사람의 몸 자체가 구멍에 의해 탄생과 진행이 만들어지고 있는 것도 깨달았다. 아니 인생 자체가 구멍에서 시작하여 구멍으로 끝나는 거였다.

아비의 구멍을 통해 들어간 반쪽이 나머지 반쪽을 만나 그 어둡고 습하고 따뜻한 동굴에서 여물었다가 어미의 구멍을 통해 세상에 나왔고 평생 구멍을 통해 흘리고 먹고 말하고 듣고 풀고 쉬고 빨고 먹이고 치고 쏟고 싸고 끼고 누는 행위를 하다가 마침내 땅에 구멍 하나 파는 것으로 끝나지 아니하더란 말인가.

그는 산에 가서도 모든 나무들이 땅에 구멍 파고드는 것으로 생존하는 것을 보고 무릎을 쳤고 바닷가에 가서는 모든 패류貝類들이 평평한 바위를 버리고 그늘진 틈 속에 모여 있는 것을 보고 고개를 끄덕였다. 삶의 지혜와 생존방식이 모두 그곳에서 시작하고 그곳에서 결말지어지고 있었다.

아, 세상은 구멍에 의해 유지되고 있었던 것이다. 구멍에 경배할 일이었다. 그는 구멍 연구를 거듭 진보, 진화시켜 구도求道의 경지에 이르렀다.

구멍이란 무엇인가. 그것은 선과 면이 합쳐진 채 변형된, 휘어지고 구부러진 3차원 공간이며 인간은 한마디로 말해 그 구멍과 구멍의 연결선상 중 어느 한 점에서 끊임없이 구멍을 통해 떨어대는 존재라고 규명 짓고 그러기 때문에 모든 의미의 육화가 구멍을 통하여 이루어진다고 정리했다. 그리고 거듭 정진하여 세상이 하나의 거대한 살아 있는 구멍이라는 선까지 밀어붙였다.

갈대 구멍을 통하여 세상을 보았다는 어느 고승의 책을 앞에 두고 고개 끄덕이는 모습은 가히 그런 경지를 보여주고도 남는 데가 있었다.

구멍법사라는 칭호를 입게 된 뒤로는 사람들이 종종 찾아와 가르침을 받기도 했다. 선대의 훌륭한 선사들이 그러했듯 그도 길고 긴 법문을 다 들려주느니 상징적인 것 하나만 들려주는 방법을 택했다. 바닷물의 맛이 궁금하다고 모두 다 마셔볼 필요는 없다, 단 한 모금이면 충분하다, 가 그의 지론이었다. 구멍에 중요성에 대해 그는 대중들에게 다음과 같이 설법하였다.

평생을 술과 오입질로만 살았던 아주 못된 인간이 하나 있었습니다. 가족들 등골을 빼먹는 것도 부족해 친척 친구까지 등치고 살다가 마침내 죽었습니다. 자, 여러분이 왜 이렇게 살면 안 되는가에 대해 말씀 드리겠습니다. 이 사람이 죽어 지옥엘 갔습니다.

어느 날 천당에서 지옥 견학을 온 이가 있었습니다. 볼만했습니다. 아수라, 화탕, 얼음, 가시 지옥들 두루 둘러보고 총알이 뒤로 나오는 총을 날마다 518번씩 쏴야 하는 사람과 10원짜리로 구백구십구억원을 날마다 먹어야 하는 사람, 부글부글 끓어오르는 강물을 한번에 다 마셔야 하는 사람마저 구경하고는 속이 메스꺼워 빠져 나오는데 문득 이상한 곳을 발견하게 되었습니다.

지금까지 본 것과는 판이하게 다른 게 하나 있었죠. 분홍빛 실크 커튼이 쳐진 아름다운 방이었는데 남녀교접 체위가 양각陽刻되어 있는 오동나무 침대에 한 사내가 앉아 있는 것입니다. 그렇습니다. 아까 말씀드렸던 그 못된 사내였습니다. 그런데 이 사내는 오른쪽 무릎에 홀랑 벗은 팔등신 미녀를 앉혀두고 왼 손으로는 술이 찰랑찰랑한 술병을 들고 있는 것 아니겠습니까.

견학 온 이가 물었습니다.

"이 사람은 어떤 사람인데 이런 대접을 받고 있는 겁니까."

"살아생전 술과 오입질로 방탕하게 산 사람입니다."

"아니 그런 사람에게 벌을 주어야지 저렇게 미녀와 술을 주면 어쩌자는 겁니까?"

그곳을 지키고 있는 문지기가 이마에 박힌 눈을 끔벅이며 답했습니다.

"저 술병과 여자에게는 구멍이 없습니다."

그랬던 그가 승승장구하던 자신의 구멍철학에 처음으로 회의를 드러낸 게 십년 전이었다. 1996년 12월 26일 새벽 신한국당 국회의원들이 모여 일제히 일어섰다, 앉았다, 를 되풀이하며 노동법과 안기부법을 날치기 통과하는 장면을 보고 난 직후였다.

그는 그때 민주주의 대 국민 약속에 구멍이 난 것부터 해서 텔레비전 뉴스, 신문 사설, 투표했던 손모가지, 훈련소 훈련병처럼 일어섰다 앉았다를 되풀이 하는 국회의원들 대갈통에 이따만한 구멍이 하나씩 나 있는 것을 보았다고 말했다.

그가 지금까지 보아왔던 구멍과는 전혀 다른 차원의 구멍이었다. 구멍은 늘 생명이었는데, 그 구멍은 파탄과 파멸과 소수 권자들의 욕망 덩어리였던 것이다. 그는 충격을 받아 한동안 말이 없었다. 그러다가 이렇게 입을 열었다.

"그래도 좌절하지 않을 겁니다. 희망이 있겠죠. 언젠가는 메꾸어질 그런 구멍 아니겠습니까? 그것이 아니라면 메꿀 수 있는 방법이 있겠죠. 전 다시 한 십년 맘 먹고 그 희망을 찾을 때까지 정진할 생각입니다."

지금쯤 희망을 찾았을까? 최근 근황이 궁금해진 나는 오랜만에 그의 구멍철학관을 찾아가 보았다. 그는 좀 늙어버린 모습으로 검은 소반 앞에 앉아 있었다. 소반 위에는 특이하게도 김밥과 순대, 안경, 그리고 오백 원짜리 동전이 놓여 있었다.

인사를 건성으로 받은 그는 다시 눈을 소반 위로 옮겼다.

"이것 보세요. 이것들은 모두 속이 꽉 찬 구멍들입니다. 김밥과 순대는 배를 부르게 하여주고 안경은 눈을 맑게 해줍니다. 그런데, 이 돈은……."

"……."

"온 국민을 미치게 만들어버리는 구멍입니다. 이것과 당장 상관없는 것은 어떠한 가치도 없다고 사람들은 생각해요. 심지어는 돈만큼은 벌게 해주겠다는 사람에게 우르르 달려가 지도자로 뽑았습니다. 거기에다가."

그는 그러면서 눈을 들었다. 깊고 깊은 좌절이 그의 눈 속에 들어 있었다.

"나라를 이리 저리 관통해서 구멍을 파겠답니다. 그것으로 돈을 벌겠답니다. 벌었다 칩시다. 그 돈 쓰고 나면 어떻게 될까요? 포크레인으로 모조리 뒤엎어놓은 뒤인데, 그때는 무엇으로 살까요?"

그는 숫제 떨기까지 했다.

"이렇게 무서운 구멍은 처음입니다. 무서운 구멍들의 엄습입니다. 이 구멍들 때문에 내 십년공부 도로아미타불입니다. 어떻게 해야 될까요?"

그는 나에게 되묻고 있었다.

이남희

1958년 부산 출생.
충남대학교 철학과, 중앙대학교 예술대학원을 졸업하고 서울에서 중학교 교사를 지냄.
1986년 『여성동아』 장편 공모에 「저 석양빛」이 당선되어 등단함.
소설집으로 『지붕과 하늘』『개들의 시절』『사십세』『플라스틱 섹스』가 있고,
장편소설로 『바다로부터의 긴 이별』『산 위에서 겨울을 나다』『음모와 사랑』『황홀』
『세상의 친절』『청년우장춘』 등이 있음.
현재 창작활동에 전념하면서 일반 사람들이 쉽게 접근할 수 있는
글쓰기 방법에 관한 강연도 하고 있음.

천국행 KTX

천국행 KTX

정보가 곧 돈이다.

정희는 옥자를 만나 그런 사실을 뼈저리게 느꼈다. 한때 두 사람은 같은 동네의 고만고만한 주부로서 교회에서 친했던 사이였다. 어린 자식을 데리고 내집 마련을 위해 죽어라 청약부금을 부어야 한다는 점도 같았다. 그런데 십 수 년이 지난 지금 옥자는 벤

츠를 몰고 다니는 마나님이었다. 세월도 부자는 알고 피해 가는지 아기처럼 고운 살결에 간소한 명품 브랜드로 치장한 품이 부티가 좔좔 흘렀다. 옥자는 전철역 부근에 원룸 20채를 소유한 자연사랑인이었다.

"대단하다! 집에만 틀어박혀 사는 우리 같은 주부가 어떻게 했기에?"

감탄스럽기만 했다. 모르는 사람이 집을 10채쯤 가졌다고 하면 투기꾼이라고 욕했겠지만 아는 사람이 20채를 가졌다니, 현명한 투자로만 보이는 것이었다.

"별로 신경도 안 썼는데 그렇게 됐어. 나야 원래 신앙생활만 열심인 사람이잖아."

"기도만 했는데 하느님이 알아서 해주시더라, 그런 소리야?"

"그보다 기도발이 좋다고 할까……지금 다니는 교회가, 신도들이 다 복을 받는 데거든. 기도발이 좋은 교회를 다니는 덕분이라고 할까."

옥자는 자꾸 말끝을 흐렸으나 한참 캐묻자 내막을 털어놓았다. 그동안 여러 교회를 전전하다가 지금의 희망교회에 적을 두었는데, 그때부터 사는 땅마다 대박이었다고 했다.

그렇다면 당장 교회를 옮기고 볼 일이었다.

사실 정희는 무슨 수를 내지 않으면 안 될 만큼 절박한 형편이었다. 언제 명퇴 당할지 모르는 남편은 퇴직금을 받아 주식시장에서 털렸고, 아들은 대학원까지 진학시켜도 취직이 될지 걱정인데, 가진 거라곤 깔고 앉은 아파트 한 채뿐이었다. 그걸로 아들 장가도 보내고 노후도 감당해야 했다. 요즘 평균 수명이 80세로 늘어난 걸 감안하면 불안하기 짝이 없었다.

희망교회는 강남에서도 노른자위라고 할 동네에 있었다. 처음엔 위화감을 느꼈다. 웬만한 재벌기업 사옥 못지않은 넓은 대지에다 으리으리하게 돌을 붙인 호화로운 건물이 몇 동씩이나 되었고, 커다란 주차 타워에는 외제차들만 즐비했다. 그러나 교회의 모토가 자연사랑에다 평신도가 곧 교회의 머릿돌이라는 거여서 마음이 놓였다.

정희는 제자훈련이며, 심방, 기도 모임, 예배 등에 빠짐없이 참석했고, 십일조와 각종 헌금을 꼬박꼬박 챙겼으며, 특별히 구역별로 모이는 목장 모임에 더 신경을 썼다. 따라서 차며 옷, 장신구 등을 업데이트하느라 드는 비용으로 카드빚에 부부싸움까지 종종 벌어졌으나 자신이 기웃거리게 된 모임 수준을 생각하면 그래도 살짝 모자란다는 느낌이 드는 거였다.

'그래 이거야. 이너서클 주변에 있다 보면 고급정보가 흘러넘쳐 나에게도 기회가 오리라.'

KTX를 탄 기분이었다. 전에 다닌 교회가 느려터진 완행열차였다면 여기는 특별열차였다. 눈에 띄는 면면이 정·재계, 학계, 언론계 인사들이었고, 그들은 대통령조차도 자기 형제나 친구가 된다는 듯 무람없이 입에 올리곤 하였다. 아무리 유명한 인물도, 아, 그 친구가 말야, 하는 식이었다. 게다가 넉넉한 분위기였다. 뭐든 넉넉하다 못해 흘러넘쳤다, 특히 신도들 모임에는 교회의 재정적인 지원까지 넉넉했다.

초기에 정희는 청년회 건물 쓰레기통을 지나칠 때면 흠칫 흠칫 몸을 떨곤 했다. 과거의 잔재였다. 대충 뜯은 살점 가득한 통닭이며, 가운데만 파먹은 피자 같은 것이 가득 찬 쓰레기봉지가 몇 개씩이나 쌓인 것을 보면 몸이 부르르 떨리며 죄 받을라 하는 말이 튀어나오려고 했던 것이다. 그러나 이젠 사고방식도 부자처럼 바꿀 필요가 있었다.

옥자가 사는 구역을 따라 참석한 목장 모임에는 유난히 잘난 체하는 여성이 한 명 있었다. 전에 대선용으로 급조되었던 정당 대변인을 지냈다는데 남의 이야기를 가로채어 자기가 결론 내리는 버릇이 있었다. 그녀는 여러 벤처 기업에 관계하고 있다는ㅡ깊이는 아니고 아주 사알짝ㅡ 냄새를 솔솔 풍기면서, 지금이 넣을 때라는 둥, 뺄 때라는 둥 한마디씩 던져서 사람들의 이목을 끌곤 했다. 그런 여자가 왜 따 당하지 않는지 궁금했는데, 조금 지나자 그게 주식동향이라는 걸 알고 신문의 주식 난을 유심히 보게 되었다. 곧 정희는 약간의 주식을 사고팔아 재미를 보았다. 깨달았다. 이런 게 투자였다. 남편 같은 사람이 주식을 사는 게 투기였다.

"넌 안 해? 정보가 꽤 쓸 만하던데?"

슬쩍 떠보았다. 옥자가 픽 웃었다.

"그 여자? 그깟 몇 푼 바라고?"

몇 푼이라, 충격을 받았다. 모임에 열심히 참석하고 밤새워 기도하면서 틈틈이 얻어듣는 정도는 고급정보가 아닌 모양이었다. 옥자를 관찰했다. 일거수일투족 놓치지 않고 그대로 따라 할 작정이었다. 그러나 한계가 있었다. 언뜻 옥자는 무람없이 정희를 대동하고 다니는 듯했으나 한계가 있었다. 노는 물이 달랐다. 자신도 이 교회에서 직분을 맡아야 했다.

"믿음이 좋으면 자연히 주변의 추대를 받아 직분을 맡게 되지요."

어떻게 해야 내 믿음이 좋다는 걸 남들이 알게 될까?

끼어들 틈새를 찾기 어려웠다. 고위 인사인 모 신도는 일요일마다 나와 주차봉사를 했고, 그 부인은 교회행사 때면 팔 걷어붙이고 음료를 도맡는 등의 봉사를 수년씩 한 끝에야 장로가 되었다고 했다.

"꿈 깨. 희망교회 장로 되기가 대통령 되기보다 더 어렵단 소문 못 들었니? 십 년씩이나 공을 들이고도 아직 못된 사람도 수두룩하단다."

정말 방법은 없는 것일까? 애가 탔다. 교회를 옮기기 전엔 미래가 불안하면서도 한편으로는 당하면 어떻게 되겠지 하는 마음도 있었는데, 이젠 절박하고 초조했다. 어쩌면 목이 마른지 어쩐

지도 모르고 무작정 사막을 걷는데, 사람들이 물속에서 노는 걸 본 것과 비슷할 것이다. 불안과 근심과 초조가 목구멍까지 꽉 차 숨도 못 쉬게 좌불안석이었다.

두드리라 열릴 것이라는 말씀을 실감할 기회가 왔다. 해외 선교 열풍이 불어, 해외로 선교봉사를 나가는 것에 비례하여 후진국에서 찾아오는 손님도 늘어났다. 접대위원회를 조직한다는 소문이 돌았다. 위원장으로 내정된 이가 경제부처 장급의 인사 부인이라고 했다. 정희는 어떻게든 거기에 끼어들 틈을 노리며 노심초사했다.

"통역이며 다른 건 괜찮은데, 문제는 숙소네요. 목사님은 한국 가정도 맛볼 수 있게 홈스테이를 하라시는데. 요즘 아파트라는 게 아무리 크다고 해도 식구 아닌 사람 하나만 끼어들어도 불편한 구조잖아요. 그래선지 게스트 룸 봉사는 찾기가 어렵네요."

무릎을 쳤다. 안 그래도 강남 아닌 다른 곳에 사는 데 자격지심을 느낀 터여서 당장 아파트를 팔아 교회 부근으로 이사하기로 했다. 그동안 어정쩡하게 따르던 남편이 깜짝 놀랐다.

"위험해. 아파트는 최후의 보루라고. 앞으로가 겁나지 않아?"
"전세 얻고 남은 건 투자할 거니까 곧 회복돼. 걱정 마."
정희의 말투도 어느새 전 대변인을 닮아 확고해졌.

아파트는 쉽게 팔렸다. 교회 주변의 연립을 전세로 얻어 이사하고 게스트 룸을 만들어 봉사위원이 되었다. 이제 흘러넘치는 고급 정보를 따라가면 된다.

　재계의 지각변동을 일으킬 수도 있는 대대적인 매각 합병 소식이 귀에 들어왔다. 정희는 남은 돈에 대출까지 해서 주식을 샀다. 불안하지 않은 건 아니지만 믿고 기다렸다.

　며칠 뒤 옥자가 전화를 했다.

　"혹시 너도 K사 주식 샀니?"

　"응."

　정희는 자랑스럽게 대답했다. 이젠 옥자의 눈치를 보지 않고도 홀로 설 수 있게 된 것이 기뻤다.

　"처분 안했어?"

　"뭔 소리야?"

　"철회됐는데. 우리는 이미 다 팔아치웠는데."

　우리라고, 그럼?

　정희는 눈앞이 캄캄해졌다.

안
재
성

1960년 경기도 용인 출생.
장편소설로 『사랑의 조건』, 『황금이삭』 등이 있고 역사 다큐멘터리로 『경성트로이카』,
『이관술 1902-1950』, 『청계피복노동조합사』, 『이현상 평전』 등이 있음.
1989년 장편소설 『파업』으로 전태일문학상을 수상함.
현재 진보작가 모임 '리얼리스트100' 의 동인으로 활약하며 비정규직 철폐와
대운하반대 투쟁에 동참하고 있음.

나
돌아갈래!

나 돌아갈래!

아! 햇볕 좋다. 정말이지 햇볕은 대한민국이 최고라니까? 세계 어디 나가도 대한민국만큼 물 좋고 공기 좋고 햇살 좋은 나라가 없어요. 어이, 저 사람들도 오라고 해. 잘 먹은 것도 없는데 괜히 펄쩍펄쩍 뛰어 힘 빼지 말고 이리들 와서 내 이야기나 들어보라고 해. 이거 돈 주고도 못 듣는 귀한 강의라고. 그래그래, 어서들 와,

반갑구만. 그럼 하던 얘기 계속할게.

오늘의 주제는 뭐냐, '건설업에서 배워라' 야. 내가 누구야? 국내 최대 건설업체 사장으로 평생을 보낸 사람 아닌가! 건설업에서 모든 걸 배워 대통령까지 따낸 사람이란 말이야. 물론 건설업의 목적은 돈이고 대통령 출마 목적은 권력이지. 그런데 놀랍게도 이 두 가지가 너무나 똑같은 원리에 따라 움직이더라 이 말씀이야. 건설업에서 배운 요령들을 적용하니 대통령 자리가 저절로 굴러 들어오더라 이거야.

첫째는 줄을 잘 대야 해. 정부로부터 대규모 공사를 따려면 돈과 권력을 움직이는 진짜 힘이 어디에 있는지 잘 파악해 그 줄에 서야 하는 거야. 실세를 찾아라 이거야. 겉으로는 장관이 높지만 차관이 실세일 수도 있고, 때로는 일개 사무관이 실권을 가지고 있을 수도 있어. 그 중 누구에게 뇌물을 바치느냐에 따라 업자의 운명이 결정되는 거야. 줄을 잘 못 대면 아무리 발버둥쳐도 소용없어.

정치도 그래. 이 나라를 지배하는 세력이 누구야? 당연히 돈과 권력을 움켜쥔 이들이 뭉친 보수핵심당이지. 그들의 줄에서 벗어나면 끝장나는 거야. 젊은 시절 나의 은인이던 왕 회장을 보라고. 잘 나가던 그 늙은이가 갑자기 노망이 들어 보수핵심당을 배신하고 독자적으로 대통령에 출마했다가 개망신 당했잖아. 반대로 나의 영원한 우상이신 박통 어른의 딸 그네 양을 보라고. 정적인 내가 아무리 구박하고 괴롭혀도 절대로 보수핵심당에서 떠나지 않았잖아? 이름 그대로, 그네처럼 줄타기를 하되 절대로 그네에서 내려오지 않는 거지. 나도 그걸 알기 때문에 맘 놓고 구박했던 것이기도 하고. 아무래도 내가 한 수 위 아닌가? 웃지들 말어.

더 중요한 건 대통령이 되고 나서지. 절대로 나를 밀어준 지지층을 배신해서는 안 돼. 내각을 구성할 때 강남의 부자들뿐이라고 반대 여론이 들끓어도 나, 그대로 밀어붙였잖아. 부자들을 위해 부동산 보유세니 법인세 낮추고, 학교에는 무한경쟁을 도입했지. 부자들은 미국과 일본을 엄청 좋아하니까 이에 맞춰서 영어 몰입 교육을 시작하고, 일본의 침략에 대한 사과 같은 요구는 철회했지. 선 끊어지면 끝장이거든.

둘째는 건설을 하려면 조감도를 잘 그려야 해. 쉽게 말해서 얼마나 거짓말을 잘하는지 여부가 곧 능력이라고나 할까?

예로부터 화가들은 황소보다 용을 잘 그렸어. 소는 누구나 알기 때문에 그림 실력이 금방 탄로 나지만 용은 아무도 본 사람이 없으니 그리는 놈 마음대로거든. 대표적인 게 나의 대운하 공약이야. 솔직히 말도 안 되는 공사지. 해발 천 미터가 넘는 산들이 가로막은 산악지대를 뚫어 물길을 낸다는 게 말이나 되나? 강이라고 해봐야 상류로 올라가면 개울만도 못한 데다 전 국민이 먹는 상수원인데 그걸 파헤치겠다니 아이큐 80만 넘어도 펄펄 뛰고 반대할 일이지. 중국이나 유럽처럼 평야지대에 생땅을 파서 물길을 만들어놓고 남아도는 강물을 끌어들이거나 아니면 수량이 풍부한 두 강의 중간을 터서 연결하는 건 몰라도 두 강의 맨 상류를 연결시키겠다는 게 말이 안 되지. 극단적으로 말해서 맨 상류끼리 붙여버리면 강의 발원지가 없어지는 건데 그럼 강물은 어디서 흘러들어오냐? 이거 솔직히 말이 안 되지. 안다고, 나도 잘 알아. 그런데 왜 이런 공약을 했냐고? 그게 바로 조감도 효과란 거야.

　조감도란 게 뭐냐, 물주들에게 어떤 건물을 지을 것인가 보여주는 그림 아닌가? 일종의 상상도란 말야. 굳이 있는 그대로를 보여줄 필요가 없지. 최대한 주변 풍경 멋지게 그리고 지저분한 건 생략해야 해. 운하도 그래. 희망적인 그림만 보여주는 거야. 공사가 벌어지면 엄청난 일자리가 생긴다는 둥, 관광지 개발로 땅값이 오른다는 둥, 월악산 별장에서 요트를 타고 서해 바다까지 나가서 놀다 돌아올 수 있다는 둥……. 특히 만성적인 물 부족에 시달려온 낙동강 유역의 경상도 사람들은 태백산맥의 맑은 물을 마시게 해 주겠다는 이야기에 솔깃할 수밖에. 사실 수백 킬로 물길을 새로 내고 수십 개 다리를 새로 만드는 데 4년밖에 안 걸린다는 게 말이나 돼? 토목공사 전문가들은 말도 안 된다는 걸 잘 알고 있어. 그렇지만 수십조 원의 공사를 따기 위해 앞장서서 가능하다고 떠들어대지. 공사가 십 년, 이십 년 계속되면 더 신나는 거지 뭐. 건설회사는 일거리 생겨 좋고, 우리는 콩고물 생겨 좋고. 전문가들이 나서서 멋진 조감도를 보여주니까 운하라곤 구경도 못한 많은 사람들이

운하를 파야만 이 나라가 살 것처럼 생각하더라고. 웃기지?

  셋째는 적당히 공포분위기를 조성하는 거야. 안면몰수, 적반하장, 불안감 조성으로 나가는 거지. 손바닥만 한 개인집을 짓든 거대한 댐을 짓든 일단 건설공사를 시작하면 온갖 민원이 쏟아져 들어오게 되어 있어. 일일이 들어주다가는 매일 현장 세우다가 쫄딱 망하고 말지. 이럴 때 완력이 필요한 거야. 처음에 땅 사고 주민 동의서 받으러 다닐 땐 술이며 과일이며 돈 봉투를 뿌려 비위를 맞춰야 하지만, 일단 허가 떨어져 공사를 시작하면 안면몰수야. 안 나가려고 버티는 철거민들에게는 깡패들을 보내 작살내고, 공사현장으로 몰려오는 주민들에게는 대형 덤프트럭이며 포클레인으로 위협하는 거야. 당장 벌어먹고 살아야 하는 노가다꾼들은 말 안 해도 스스로 깡패가 되어 민원인들을 내쫓기 마련이지. 물론, 경찰과 법원에 뇌물 뿌리고, 지역신문사 사이비 기자들에게도 섭섭지 않게 봉투 뿌리는 건 기본이지. 출동한 경찰은 민원인들만 잡아가고 재판소는 합법적인 공사라고 판정해주고, 언론은 건설효과를 홍보하면서 주민들을 지역이기주의로 몰아버리니 소음이다 분진이다 아무리 떠들어 봤자 소용없는 거야.

  국가 운영도 마찬가지더라고. 자본주의란 게 수많은 계층으로 이뤄진 나라인데 어떻게 모든 사람들의 요구를 다 들어주나? 특히 서민들이 문제야. 가난한 사람이 있어야 공장에서 일할 사람도 있고 청소부니 막일을 할 사람이 있는 거야. 부자들이 있어야 여유자금으로 공장도 세우고 집도 짓고 관광도 다닐 것 아닌가? 그래야 가난뱅이도 그 밑에서 먹고 살지. 너나없이 비슷하게 가난하면 나라꼴이 어떻게 되겠어? 서민들의 불평불만을 들어주는 것보다는 힘으로 누르는 게 진정으로 이 나라를 위한 길이라고. 내가 노조를 무력화시키고 정치사찰 재개한 데는 이런 깊은 뜻이 있는 거야. 나라가 너무 평화로우면 사람들이 대통령 알기를 우습게 알아요. 적당히 겁을 주지 않으면 나라를 유지할 수가 없더라 이 말이야.

예를 들어볼까? 내가 집권하자마자 일부 대학생들이 등록금 인상 반대집회를 열었어. 고작 수천 명이 무대 설치해 유행가 부르고, 거 뭐냐 춤추고 노래하고 율동이나 하는 애교 넘치는 집회였지. 돌이니 화염병 같은 건 누가 갖다 줘도 쓸 생각들이 없었을 거야. 그런데 나는 이 집회 날 만오천 경찰을 배치하라고 지시했지. 예전 같으면 시민들이 불안해하지 않도록 전경버스를 뒷골목에 숨기거나 일단 철수시켰다가 저녁에 태우러 오게 하는데 일부러 시내 일원 대로변에 빽빽이 늘어세워 놓도록 했어. 광화문부터 종로 일대 서대문까지 거의 천 대에 이르는 전경버스가 늘어서 시내 일원을 완전히 공포분위기로 만들었지. 학생들이 무서워서? 전혀 아니지. 지금 시국이 이렇게 불안하다, 좌파들이 기승을 부리고 있다고 호들갑을 떨어 겁을 주는 거지. 결과? 좋았지. 겁을 잔뜩 주니까 민주개혁당이 집권하던 동안 입만 벌리면 대통령 흉보고 멋대로 욕을 퍼붓던 사람들이 갑자기 입을 딱 다물어 버렸잖아. 특히 신문기자니 학자들은 앞장서서 아부를 하더라고.

넷째는 융통성이지. 일종의 진 빼기 작전이야. 아무리 힘으로 밀어붙여도 잘 안 되는 것도 있게 마련이거든. 그때 사용하는 수법이지.

운하 문제가 그래. 처음엔 여론이 좋았는데 갈수록 나빠지더라고. 할 수 없지. 국민 세금은 안 쓰고 건설업자들에게 맡기겠다느니, 여론을 중시하겠다느니 하면서 하겠다는 건지 안하겠다는 건지 아리송하게 만들었지. 운하를 원하는 사람들은 계속 우리를 지지하고, 반대하는 사람들은 적이 없어졌으니 공격을 하려야 할 수가 없게 되었지.

선거에 승리한 다음에는? 목표는 대통령 당선이었으니 이제 느긋해졌지 뭐. 나중에는 재밌더라고. 충주댐에 리프트를 달아 배를 들어 올린다고 했다가 달천강을 파고 속리산에 공중 수로를 만들겠다고 하니까 다들 까무라쳐 버려. 그러다가 그냥 평야지대에만 운하를 파겠다고 하니까 아이고 살았다고 찬성을 해주대? 결과적으로 내 협박이 먹힌 거지. 왜 웃는 사람이 없어? 나는 웃겨 죽겠는데.

영어 몰입교육도 그래. 나는 이 점만은 확신하는데, 우리 민족이 번영을 누릴 수 있는 최선의 길은 미국의 한 주가 되는 거야. 아, 오해하지 말아. 식민지 속국이 되자는 게 아니라 뉴욕주나 워

싱턴주와 당당히 어깨를 나란히 하는 연방의 하나가 되자는 거야.

만일 일제 강점기 때 우리가 일본과 완전히 합쳐 일본의 일부가 되었다면 오늘날 얼마나 짱짱하게 잘 살겠어? 세계 최고 경제 대국으로 성장해 해외 어디 나가도 선진 국민으로 대접 받고 말이지. 아아, 그렇게 사나운 눈으로 쳐다보지 말어. 이건 내 생각만이 아냐. 해방 후 이 나라의 지도자가 된 사람들 대다수가 이런 생각을 했어. 친일파 출신들이 대한민국을 수립했다는 게 어제 오늘 나온 이야기도 아닌데 왜 그리 놀라? 옛날에 그랬으면 좋았을 거라는 이야기지, 지금 당장 일본 밑에 들어가자는 이야기도 아니잖아? 나는 일본에는 관심도 없다니까? 지금은 일본이 아니라 미국의 한 주가 되어야 한다 이 말이야.

왜 또 겁나게 눈들을 부릅뜨나 그래? 생각이 그렇다는 거지, 대통령도 국회의원도 아닌 내가 뭘 어쩌겠어? 그리고 지금 내가 하려는 이야기는 그게 아니잖아. 나는 모든 수업을 영어로 하고 영어를 국어로 사용해야 이 나라가 세계의 일류 국민이 될 수 있다고 믿었지만 당신네들처럼 반대하는 사람이 쏟아져 나오니까 슬그머니 발을 뺐잖아? 그리고는 강남 부촌과 경기도부터 소리 소문 없이 몰입교육을 실시했지. 여기서 얻을 교훈은 뭐냐, 바로 싸움의 기술이야. 먼저 한 대 팍 치고 상대가 으르렁대면 미안하다고 물러났다가 다시 한 번 뒤통수를 갈기고, 달아났다가 돌아와 다시⋯⋯이건 정말 당신네들이 더 잘 알겠네. 아니라고? 당신네들은 건달이지 양아치가 아니라고? 에이, 오십보백보지 뭐. 아아, 이 얘긴 그만 하자고. 분위기가 험악해지네.

흥분하지 말고 내 말 계속 들어봐. 생각해보니 이 오리발 정책이야말로 나의 영원한 우상이신 박통도, 평생 은인인 왕 회장도 해본 적 없는 나만의 묘수였어. 당신들도 인정하지? 말단 사무직으로 취직해 대통령이 되기까지 터득한 생존 필살기라고나 할까? 힘의 강약 조절, 아부와 폭압의 조절이라고나 할까? 너무 어려운 말이야? 쉽게 말해 저쪽에서 강하게 나오면 꼬리를 내리고, 약하게 나오면 얼른 발을 뻗어 땅을 차지하고……. 아하! 그러고 보니 요즘 당신들 감방 안에서 매일 밤 벌어지는 자리싸움하고 비슷하네. 정말 그렇지? 비좁은 감방에 왜 이렇게 사람을 몰아넣는 거야? 소장 불러 항의라도 해줘야지 안 되겠어. 여러분을 위해서 말야.

나? 나야 독방인데 뭐 편하지. 원래 거물들이야 독방 차지 아닌가. 근데 솔직히 나는 혼자 있으려니 미치겠더라고. 이 큰 입을 놔두고 떠들지를 못하니까 아주 죽겠어. 유명한 이야긴데, 내가 서울시장 할 때 별명이 뭔지 알아? 딱따구리야. 사람들이 면담하러 오면 한 시간 중 50분은 나 혼자 떠들었지. 그것도 다른 사람이면 두세 시간에 걸쳐 해야 할 이야기를 한 시간 만에 기관총처럼 쏘아댄 거야. 그러면 뭘 요구하러 오고 따지러 왔다가도 얼이 빠져 돌아가더라고. 자고로 정치가는 말이 많아야 돼. 재밌는 이야기인데 왜들 안 웃어?

이렇게 잘했는데 왜 실패했냐고? 나도 그게 의문이었어. 감방에 와서 몇 년째 빈둥거리다보니 겨우 조금 알겠더군. 박통이니 전통이니 하는 분들의 성공담을 그대로 따른 것까지는 좋았는데, 그게 바로 함정이었지 뭐야. 뭐 어려운 이야기도 아냐. 생각해봐, 그 양반들의 말로가 어땠는지. 박통은 세계사에 길이 남을 공포정치를 했음에도 데모는 계속 일어났고 결국은 부하한테 권총 맞아 죽었잖아. 전통은 광주를 작살내서 국민들이 입도 벙긋 못하게 만들었지만 결국 백담사 유배도 부족해서 감방까지 갔고. 처세술이라면 대한민국 제일이라 자부하는 나도 결국 그 덫에 걸리고 만 거지. 결국 감방에 와서 이렇게 운동시간에나 여러분을 만나 수다를 떠는 처지가 되고 말았으니 참 인생무상이라고나 할까? 내 죄명? 재판? 아, 그런 것 묻지 말아줘. 너무 많아서 설명하기도 골치 아파. 대통령마다 뒤끝이 안 좋은 게 이 나라의 비극이자 한계라고 생각해줘.

그나저나 여러분들 만나 한바탕 떠들고 나니 참 좋네. 역시, 따뜻한 햇볕 아래 운동시간이 감옥생활의 백미란 말야. 뭐야? 벌써 들어가라는 거야? 아직 할 말도 많은데, 운동시간은 왜 이리 짧은 거야? 어이, 물 좀 한 잔 줘봐. 독방에 돌아갈 생각을 하니 목이 다 타네. 근데 물맛이 왜 이래? 이게 물이야, 소독약이지. 뭐? 대운하 때문에 이 도시의 수원지가 썩었다고? 뭔 소리? 운하는 파다가 말았는데? 온 사방에 물웅덩이가 생겨서 그렇다고?

거참, 우리나라 건설업자들은 그게 문제라니까? 우선 돈 빼먹는 게 목적이라 이익이 남든 말든, 완공을 하든 말든 상관없이 무조건 공사를 맡아가지고 일을 벌이다가 안 되면 배 째라 하고 나자빠지는 거라. 그럼 누군가 또 다른 투자가들이 나오니까. 적자가 예상된다고 공사를 안 맡았다간 회사 문 닫으니까 무조건 벌여놓고 또 다른 공사를 맡아 적자를 메우는 식이지. 그러다가 끝까지 몰리면 부도처리해 빚잔치하고 얼마 후 새로 시작하는 거지. 주식회사란 게 그게 참 좋거든. 탈세나 뇌물사건은 몰라도, 경영에 실패한 건 누구도 책임지지 않으니까. 소액투자가나 은행들이 손해 볼 뿐이지 업자는 아무 책임도 지지 않거든. 분양도 되지 않는 지방에 우후죽순 아파트를 세우는 것도 다 회사 운영을 위해서야. 나도 업자들의 고충은 충분히 이해한다고.

하지만 이건 너무 심하잖아? 강바닥을 파다 말면 어떻게 해? 정말 양심도 없는 인간들이야. 국민들이 이런 물을 먹고 어떻게 살란 말야? 에이 나쁜 사람들! 새 정부는 이런 놈들 족치지 않고 뭐하는 거야? 어? 어? 근데 왜 이래? 왜 사람을 치는 거야? 내가 뭐 틀린 말 했나? 아이쿠, 그만 때려! 이 사람들아 내가 누군지 알아? 당신들의 대통령이었던 박 사장이야, 당신들이 뽑아준 대통령 박 사장! 때리고 싶으면 건설업자들을 혼내지 왜 나를 때리는 거야? 어이쿠! 사람 죽네! 간수, 간수! 아니, 교도관님! 살려줘! 아니 살려주세요! 나 돌아갈래! 독방으로 돌아갈래! 내 방으로 보내줘! 아이쿠!

1958년 경기도 전곡 출생.
1992년 《문화일보》 신춘문예에 중편 「추운 나라의 사람들」이 당선되어 문단에 나옴.
장편소설 『호생관 최북』 『비가 와도 젖은 자는 다시 젖지 않는다』 『문 밖의 신화』
『비디오를 보는 남자』 『달빛이 있었다』 『다시 누군가를 만나 사랑할 수 있을까』
『여기부터 천국입니다』가 있으며, 소설집으로 『무서운 밤』이 있음.
1994년 장편소설 『우리는 사람이 아니었어』로 제18회 오늘의 작가상을 수상함.

영호 씨의
코드는
저질 국민
이다

영호 씨의 코드는 저질 국민이다

 마흔다섯 살의 평범한 샐러리맨인 영호 씨가 퇴근길에 비디오 가게에 들렀다. 비디오 시청은 영호 씨의 유일한 취미였다. 일주일에 서너 편 정도 보고 있으니 광이랄 것까진 없어도 상당한 비디오 애호가임에는 틀림없다.
 영호 씨는 왜 비디오를 보는가? 그야 다른 모든 이들처럼 '시

간 죽이기'가 목적이었다. 죽여 없애야 될 시간이 그처럼 많은가, 그처럼 한가롭단 말인가? 물론 아니다. 그건 시간의 문제가 아니라 삶의 내용의 문제다. 권태롭고 짜증스럽고 밋밋하고……. 이 시대 평범한 남자의 삶이란 대충 그렇지 않던가.

요컨대 비디오 시청이란 박의 평범한 일상 중에서 그만하면 가장 문화적인 행위였다. 동시에 가장 무의미하게 소모되는 비생산적인 행위였다. 봐도 그만 안 봐도 그만이면서 어느덧 일상에 가장 깊게 뿌리 내린 유일한 문화행위이자 세월의 이끼 같은 것, 그것이 영호 씨의 비디오 시청이었다.

오늘 영호 씨가 비디오 가게에 들른 것도 그런 일상적인 행위의 하나일 뿐이다.

"혹시 서비스 하나 받을 때 안 됐어요?"라고 물어본 것이, 오늘의 화근이라면 화근이었다.

"글쎄요…….”라고 말하면서 주인이 컴퓨터 화면에 영호 씨의 대여 상황을 올렸다. 화면에는 영호 씨가 이제까지 대여해 간 총 비디오 개수를 비롯해 대여와 관련된 여러 상황이 기록되어 있었다. 영호 씨는 무심코 컴퓨터 화면을 들여다보았다. 그리하여 화면 하단의 '취향 코드'란을 보고 말았는데, 거기에 기록된 영호 씨의 비디오 취향코드는 '폭력 에로물'이었다.

세상에 '폭력 에로물'이라니……. 순간 그 다섯 글자의 단어가 영호 씨의 가슴에 비수처럼 날아와 꽂혔다. 확실히 돌이켜 보면 자신의 취향은 그런 류의 비디오이기는 했다. 어차피 일상의 피로를 잊자고 보는 것 아니던가. 영호 씨는 예술성이니 작품성이니 하는 것엔 관심 없었고, 늘 골치 아프지 않은 가벼운 비디오만 빌리곤 했던 것이다.

그러나 막상 활자로 찍힌 '폭력 에로물'이라는 단어를 보고 있자니 영호 씨는 저도 모르게 얼굴이 벌게졌다. 그것은 마치 자신의 인격과 자신의 삶에 찍힌 무슨 낙인 같기만 했다. 이 사람은 폭력 에로형 인간입니다……. 그건 결코 영광스러운 기록일 수는 없었다.

영호 씨는 그 순간 자신의 비디오 취향을 바꿀 결심을 했다. 그건 어쩌면 삶의 질을 바꾸겠다는 결심일 수도 있었다. 물론 영호 씨가 그 정도까지 생각한 것은 아니지만 아무튼 나름대로 비장하게 끌어올린 결단이기는 했다.

그날, 영호 씨는 평소 같으면 눈도 돌리지 않았을 고상한 비디오를 집어 들었다. 자신이 어떤 비디오를 빌리는가를 주인에게 확실히 눈도장 찍어 두기 위하여 영호 씨는 "이거 인제야 들어왔네요. 벌써부터 보고 싶었는데."라는 말을 덧붙이는 것도 잊지 않았다.

"재미있게 보실라나 모르겠네……."라고 주인이 영호 씨의 말을 받아 중얼거렸을 때, 영호 씨는 가슴이 찔리는 한편 슬그머니 약이 올랐다. 내가 이렇게까지 무시당하고 있다니. 영호 씨는 공연히 심통이 나서 문을 쾅 닫으며 비디오 가게를 나왔다.

그런데 집에 돌아왔을 때였다. 비디오 제목을 본 아내마저 한마디 툭 쏘는 게 아닌가.

"어울리지 않게 웬 이런 걸 다 빌려 왔수?"

영호 씨는 이제야말로 화가 치밀었다. 어쩌면 자격지심이었을지도 모른다. 아무튼 영호 씨는 그 순간 단지 비디오 한 편의 문제가 아니라 자기 삶과 인격 전부가 매도당하고 있다는 기분이었다. 하지만 영호 씨는 속으로만 지긋이 화를 삭이며 점잖게 대꾸했다.

"당신도 이제는 명화도 좀 보구 그래. 사람이 맨날 속물스런 타령밖에 할 줄 모르고 말이야. 이거 원 수준이 비슷해야지……."

순간, 쨍! 아내의 거침없는 바가지가 영호 씨에게 되날아왔다.

"하이고 수준! 나 수준 낮은 것 이제야 알았어요? 내가 누구 때문에 이렇게 속물 됐는지 알아요? 쥐꼬리 월급이나 날라주는 그 잘난 남편 때문에 이렇게 됐다구요. 누군 뭐 고상하게 사는 거 싫어서 이러는지 알아요! 나도 강남 60평 아파트에서 피부 마사지 받으면서 살면 그 따위 고상한 영화 매일 봐 줄 수 있다구요!"

박은 그날 대판 부부싸움을 벌이느라 비디오도 보지 못하고 잠자리에 들었다. 얼굴에 주름이 지기 시작하는 아내가 코를 골며 자고 있을 때 영호 씨는 늦도록 뒤척이며 잠을 이루지 못했다.

한때는 자기도 민족과 나라를 생각하는 열혈 청년이었다. 이

나라의 민주화에 기여했다는 자부심도 있었고, 십여 년의 직장생활을 통해 아직 집도 장만 못했지만 성실한 납세자이며 누구에게 피해 안 주는 선량한 시민이라는 자부심 정도는 있었다. 그러나 오늘, 2천 원짜리 비디오 한 장으로 자신의 모든 자부심이 무참히 무너지고 말았다. 그놈의 '취향 코드' 그것을 차라리 보지 말았어야 했다.

영호 씨는 새벽녘에야 가까스로 잠들었다. 그리고 꿈을 꾸었다. 얼마 전에 국민의 50% 지지씩이나 받고 대통령이 된 낯익은 얼굴 하나가 텔레비전에 나와 말하고 있었다.

"우리는 비록 강부자와 고소영을 사랑하긴 하지만 결코 폭력 에로물 비디오 따위는 보지 않습니다. 그런 코드를 가진 사람은 절대 우리 내각에 들어오지 못합니다. 이제야말로 국민소득 2만 달러를 향한 실용주의 철학으로다……."

박은 텔레비전을 향해 재떨이를 집어 던졌다.

김상영

1962년 서울 출생.
1997년 《문화일보》 신춘문예 단편 「어떤 축제」가 당선되어 문단에 나옴.
1998년 대산창작기금을 받음.

뼈대 있는 집안

뼈대 있는 집안

오래된 조크 하나.

문어와 멸치가 서로 자기 집안 자랑을 했다. 문어가 먼저 말했다. 우리 집안은 대대로 '먹물 집안'이야. 학자 집안이란 말이지.

문어가 거들먹거렸지만 멸치는 아무런 대꾸도 하지 않았다. 멸치 집안은 학문하곤 담을 쌓은 집안이기 때문이었다. 멸치는 문어의 자랑을 잠자코 듣기만 했다. 그러자 문어는 멸치의 작고 깡마른 몸뚱이를 비웃듯 쳐다보며 한마디 더했다. 어디 그뿐인가, 우리 집안은 허우대도 크지. 통 큰 집안이야.

문어는 물풍선처럼 통통한 자기 몸을 어루만지며 거드름을 피웠다. 멸치는 더 이상 가만있을 수만은 없었다. 멸치는 잠시 분을 삭인 다음 목소리를 깔면서 말했다. 자네 집안이 통 큰 집안이라고? 그러면 뭐하나 흐물흐물해갖고 줏대 없어 보이는걸!

문어가 '요것 봐라' 하고 멸치를 노려보았다. 그러자 멸치는 작은 몸을 꼿꼿이 세우며 말했다. 우리 집안은 뼈대 있는 집안이야…….

얼마 전, 대한동 상가번영회 회장직을 맡게 된 이 회장은 자기 가문에 열등감이 많은 편이었다. 그러나 부끄러워할 가문은 결코 아니었다. 학자 집안이라든가, 혹은 권위와 명망이 있는 집안은 아니었지만 선친이 뛰어난 장사 수완을 발휘하여 집안을 부유한 상인 집안으로 일으킨 이래 지금까지 지역 내에선(물론 지방 소도시이긴 하나) 유지 행세를 하는 집안이었다. 그럼에도 이 회장은 가문에 대한 열등감이 심했다. 그 열등감이란 보통사람들이 보기엔 그야말로 배부르고 팔자 좋은 엄살에 지나지 않았다.

이 회장 집안은 부유하기는 했으나 학문과는 담을 쌓은 집안이었다. 거창하게 학문 운운할 것까진 없고, 소위 공부라는 것과는 인연이 없는 집안이라 하겠는데, 선친 이래 많은 직계자손 가운데 공부를 잘하는 자손이 하나도 없었다.

공부를 못하면 어떤가. 장사 잘해서 잘살면 그만이지 않은가. 더구나 지역에서도 유지 집안으로 알아주면 그것만으로도 명망 있는 집안이지 않은가. 그러나 이것은 배부른 사람의 속내를 모르고 하는 얘기다. 사람이란 명예를 이루면 돈에 목마르고, 돈을 벌면 명예와 권위에 목마르기 마련이다.

돈 많은 집안이 흔히 그러하듯 이 회장의 집안은 자손들에게 광적일 정도의 교육열을 보였다. 그럼에도 이 회장은 어렸을 때부터 공부에 소질이 없었고, 결국 대학에도 들어가지 못했다. 그는 삼수 끝에 대학 입학을 포기하고 사업에 뛰어들었다.

그는 아버지의 사업을 이어받아 더 크게 성공했지만 현재의 자기 삶과 가문에 만족하지 못했다. 상인으로 성공한 것에 만족하기는커녕 상인이 갖지 못한 조건 따위에 필요 이상으로 연연했다. 사실 이 회장에게 결여된 것들이란 결여라기보단 불필요한 것이라 해야 옳았다. 그는 선비까지 될 필요가 없는 것이다. 상인으로 성공했다면 이미 그것으로서 성공한 인생 아닌가.

뼈대 있는 가문! 이것은 선비 콤플렉스가 있는 이 회장이 자기 가문을 미화할 때 곧잘 쓰곤 하는 표현이었다. 뼈대 있는 가문 하면 은근슬쩍 선비풍의 냄새도 나는 것 같았다.

이 회장은 상가번영회를 맡자마자 대한동을 접수한 민국이파

조직의 보스를 만났다. 이 회장이 자청한 것은 아니었지만 보스가 부르면 안 갈 수 없고, 이는 일찌감치 예상하고 각오한 일이기도 했다. 보스는 대한동 상가에 술과 고기를 납품하는 유통업자이기도 한데, 그는 이 회장에게 난감한 요구를 해왔다. 지금껏 공급해온 쇠고기에 더해 '등뼈고기' 까지 공급하겠다는 것이었다. 잘 알다시피 등뼈고기는 '지랄병' 파문을 일으킨 문제의 고기였다.

이 회장에 앞서 회장직을 맡았던 박 회장이 보스의 은근한 압박에도 수용 불가를 고수해왔는데, 그 바통이 이 회장에게 넘어온 것이었다.

대한동 상가의 고깃집들은 '한우 명가' 임을 내세워 성업 중이었으나, 사실 한우 명가라고 자처하기에는 구린 구석이 없지 않았다. 대한동에서 납품받는 한우의 상당량이 실은 순수 한우라고 하기엔 곤란한 것으로 미국산 송아지를 수입하여 키운 반쪽자리 한우나 마찬가지였다. 박 회장이 보스의 다른 요구는 다 수용해도 등뼈고기만은 한사코 마다한 것도 바로 이런 이유 때문이었다. 등뼈마저 양보한다면 당분간이야 별 탈 없겠지만 나중 문제가 될 소지는 얼마든지 있었다.

이 회장은 일찌감치 보스의 요구를 들어주리라 마음먹었다. 보스의 요구를 뿌리칠 용기도 없을 뿐더러 보스에게 약점 잡힌 것도 있었다. 그러나 이 회장은 자신의 결정이 불가피한 것이라 생각했다. 보스가 공급하는 고기는 엄연한 한우 아닌가. 다만 그 한

우의 '호적'이 찜찜하기는 하나, 이런 사실은 공식적으론 박 회장과 이 회장 본인만 아는 사실이고, 또한 고깃집을 운영하는 상인들도 실은 모르지 않으며, 더욱이 지랄병의 위험성이란 것도 현실적으론 거의 우려하지 않아도 되었다.

적어도 이 회장이 생각하기엔 그랬다. 그래서 이 회장은 보스와 룸살롱에서 만나 미처 취기가 오르기도 전에, 옆자리 아가씨한테 침도 바르기 전에 계약서에 도장을 꽝 찍어버렸다.

며칠 후, 박 회장이 이 회장을 찾아왔다. 이것 역시 예상한 일이었다. 박 회장이 이 회장에게 따지기 시작했다.

이 회장과 박 회장은 초등학교부터 고등학교까지 동창이었다. 서로 반말을 주고받아 얼핏 스스럼없는 친구 같았지만, 사실 두 사람은 사이가 좋지 않았다. 박 회장 역시 대한동의 상인 집안 출신의 유지였으나 재산은 이 회장에 비하면 보잘것없었다. 하지만 그는 명문대는 아니어도 소위 대학물을 먹은 사람이었다. 이 회장은 이것이 영 맘에 안 들었다. 박 회장과 이 회장이 격론을 벌였고, 나중엔 술이 오르자 큰소리까지 오갔다.

"지금은 괜찮다 치자. 그러나 언젠가는 문제가 생긴다. 왜 그리 생각이 짧냐?"

생각이 짧다라는 말에 이 회장은 내심 발끈했다. 무식한 놈이라 꼬집는 것 같아서였다.

"그럼 니 생각은 길고?"

"지금 길고 짧은 거 따지자는 거냐?"

"현실을 직시해야지, 철없는 친구야. 값싸고 좋은 한우 대주겠다는데 뭔 말이 많아?"

"그게 진짜 한우냐?"

"그럼, 한우지! 어떤 새끼가 아니래?"

"야! 그게 무늬만 한우라는 게 뽀록 안 날 것 같냐?"

"아 글쎄 내가 다 책임져, 자식아!"

"그럼 임마, 나중 원산지 표시해야 할 땐 어쩌려구?"

"글쎄 내가 책임진다니까, 임마!"

"그리구 그 새끼들이 나중 고기 값을 안 올릴 것 같냐?"

"그건 그때 가서 생각하면 돼. 제발 그만 좀 깐죽거려라!"

박 회장의 계속된 공격에 연거푸 술잔을 비운 이 회장이 얼굴을 잔뜩 찡그렸다. 박 회장도 이미 취기가 잔뜩 올라 흥분했다.

"너 도대체 대가리가 있는 놈이야 없는 놈이야? 사람이 머리가 있어야지!"

대가리라는 말에 이 회장은 또다시 발끈했다.

"이 자식이 정말……내 대가리는 대가리고 니 대가리는 머리냐?"

박 회장이 계속 물고 늘어졌다.

"뼈다귀 고기만은 안 된다고 했잖아? 뼈다귀 같은 놈아!"

"그래 이놈아, 우리 집안은 뼈대 있는 집안이야!"

"너 지금 뭔 소리 하는 거냐?"

박 회장은 취중에도 어리둥절한 표정을 지었다. 이 회장 자신도 '뼈대 있는 집안'이라 불쑥 내뱉고 보니 아무리 취중임에도 스스로도 어이없을 정도였다. 그리고 그 순간 남모를 부끄러움이 밀려왔다. 왜 이 대목에서 집안 콤플렉스를 드러내는 뼈대 있는 가문이란 말이 불쑥 튀어나왔단 말인가.

박 회장이 피식 웃다가 어이없다는 듯이 이죽거렸다.

"그러니까 니네 집안이 뼈대 있는 집안이라서 뼈다귀까지 취급하시겠다?"

"그만해, 새꺄!"

"그거 말 되네! 니네 집안은 멸치 잡아서 떼돈 벌었잖아. 맞네, 뼈대 있는 집안!"

"너 죽을래?"

이 회장은 더 이상 참지 못하고 자리에서 벌떡 일어났다. 생각 같아선 뺨이라도 한 대 후려갈기고 싶었지만, 박 회장은 너무 취해 술상 위로 엎어져 뭐라 알아듣지도 못할 말만 중얼거렸다. 이 회장은 박 회장의 뒤통수라도 한 대 내리칠까 말까 망설였다. 그리고 손바닥이 근질근질한 와중에도 '멸치' 생각이 지워지지 않아 쓴웃음을 지었다.

이시백

1956년 경기도 여주 출생
중앙대학교 문예창작학과 졸업.
1988년 단편소설 「재회」로 『동양문학』 신인상을 받으면서 문단에 나옴.
장편소설로 『메두사의 사슬』이 있고, 산문집으로 『시골은 즐겁다』가 있으며, 소설집으로 『890만 번 주사위 던지기』가 있음.
한국작가회의 회원, '리얼리스트 100', '뒷북', '교육문예창작회' 동인으로 활동하고 있음.

몰입(沒入)

몰입(沒入)

한때 자치기깨나 해 본 사람이라면 골프라는 것이 영 낯선 것은 아니다. 하지만 낫살이나 먹어가지고 기다란 자치기 자루 비스름한 걸 어깨에 걸터듬고 다니며, 달걀만 한 공 쳐대는 놀음에 빠져 제 마누라 장례식도 거른다는 말을 듣고 보면 절로 혀를 찰 만한 일이었다.

그러던 진구가 속으로는 여전할지 몰라도, 남 보는 앞에서는 혀 차는 짓을 멈춘 지 다섯 해가 넘었다.

대를 이어 돌투성이 산비탈을 호미 하나로 일군 끝에 돌모루 건너편에 풋고추나 푸성귀를 길러 먹을 따비밭 두어 마지기를 마련하게 되었다. 워낙 없던 시절에야 배부른 것이 제일이니 더 바랄 것도 없었다.

그런데 세상이 바뀌니 사람이 어디 부른 배만 두드리고 산단 말인가.

남들 하는 만큼 하려면 자식들 공부도 가르쳐야 하고, 또박또박 돌아오는 경조사마다 적어도 석 장은 넣어야 사람 취급 받는 봉투라도 만들어 디밀려면 돈이 있어야 했다.

제 발로 설 때부터 이제까지 해 온 일이래 봐야 땅두더지처럼 흙만 파댄 진구로선 돈 구경이란 걸 가을 수매 때나 되어야 잠깐하고 마는 처지였다.

그런 참에 마을 뒷산이 온통 민머리로 벗겨지더니, 골프장인가 뭣인가 들어온다는 소리가 들려왔다.

돈다발을 싸들고 논밭을 사러 다니는 이들이 온 동네를 들쑤시고 다닐 때, 마누라와 온종일 고추밭에 엎드려 땀으로 목욕을 하던 진구는 밭둑 너머로 '제미' 소리와 함께 쥐고 있던 호미 자루를 팽개쳐 버렸다.

"그려, 세상이 바뀌었으믄 바뀐 대루 사는 법여."

진구는 팔자라는 걸 고쳐 먹어보자고 어금니를 힘주어 깨물어 보았다. 알량한 논밭을 죄다 골프장에 팔아넘긴 돈으로 진구는 골프장 바로 곁에 우선 전원주택이란 것부터 지었다. 이따금 골프공이 담 너머로 날아들기는 했어도 '저 푸른 초원 위에 그림 같은 집'에 들어앉아 사는 맛도 별미였다.

그 무렵부터 진구는 고된 농사일을 작파하고, 골프장에 품을 팔러 다녔다.

산을 깎고 잡석을 골라내는 일로 한 해를 보내더니, 이듬해는 떼를 심는 일로 야무지게 품을 팔아먹었다. 유난히 가뭄이 심해 실농했다는 소리가 파다히 들려올 때도 진구는 챙 달린 모자를 비스듬히 머리에 얹고 아침마다 모시러 오는 봉고차에 느긋하니 몸을 실었다.

"안적두 저 짓들을 하고 있으니……."

아침부터 이글거리는 불볕에 논 가운데 허리를 꺾고 있는 이들을 보며 진구는 혀를 찼다.

초등학교 동창인 새말 경수가 관리반장으로 들어앉으면서, 그것도 안면이라고 진구는 톡톡히 덕을 보았다. 여름내 막걸리에 닭도리탕을 갖다 바친 끝에 고등학교를 막 졸업한 딸년까지 캐디로 밀어 넣어 월 백만 원씩 또박또박 타 먹게 되었다. 붙임성 좋은 딸년은 팁이란 것도 후히 받는 모양으로 때만 되면 애비, 어미 선물이라고 내복이다 양말이다 심심찮게 사 들이니 참 그리 기특할 데가 없었다.

　요즘 머리에 털 난 것들이라면 한번은 들락거린다는 대학을 가고 싶은 마음이 저도 굴뚝같겠지만, 애비 말에 며칠 입을 **빼물**긴 했어도 이내 얼굴에 분 바르고 골프장 캐디로 나선 걸 보면 대견했다.

　그래서 얼마 전, 딸년이 영어 학원을 다니겠다는 말을 할 때도 마다는 소리를 않았던 것이다.

　"골프장 캐디두 레벨이 있어유. 이따금 들르는 양코배기나 일본 사람들 오면 영어든, 일본 말이든 몇 마디 주워 삼켜야 붙여 준대니께유."

　"붙여 준대니?"

　"아버지두, 참. 그이들 공칠 때 따라다니게 헌다니께유."

　"따라다니는 거야 조선 사람은 없다든?"

　"모르는 말씀 말어유. 한국 사람들이 을매나 짠대유. 캐디란 것두 엄연헌 직업인디, 무슨 즤 집 파출부 대하듯 물 떠다 바쳐라, 즤 얼굴에 땀을 훔쳐라, 증말 속이 뒤집어진대니께유. 그래두 서양 사람들은 노는 게 신사적인데다, 꼬박꼬박 팁을 주는데 솔찮어유. 일본 사람들은 또 을매나 정이 많은디유, 몇 번 만나믄 벌써 선물꺼정 챙겨 주는디……."

　무어라 한 마디 해 붙이려던 진구는 얼마 전, 새 대통령 밑에서 일한다는 여자가 텔레비전에 큼지막한 얼굴을 내밀고선, 대학까지 나온 학생들이 영어 한 도막 제대로 못한다며 한숨을 쉬던 모습을 떠올렸다.

어려서부터 외국 사람을 선생으로 모시고, 죄다 영어로 배워야 한다는, 그 뭣이냐, 영어 몰입인가 하는 공부를 해야 한다는 말에 진구는 고개부터 끄덕였었다.

대학이 별거란 말인가, 공부란 무엇보다 밥 먹듯이 해야 하는 법이다. 그 잘난 대학은 못 다녀도 공치러 온 서양 사람과 주섬주섬 이야기를 주고받다 보면 말이란 건 절로 깨치는 법이다.

진구는 그런 생각에 딸이 저녁마다 읍내에 있는 영어 학원에 다니며 월 십만 원씩 갖다 바치겠다는 걸 큰 맘 먹고 허락해 주었다.

그 뒤로 서양 사람들을 따라다니며 의젓하니 시중을 드는 딸년과 마주칠 때면, 진구는 공연히 헛기침이 나오고 가슴이 뿌듯해졌다.

그럴 때마다 잡초 뽑던 호미를 내려놓고는 서양 사람과 눈이 마주치기를 기다려, 옆 사람들에게 보라는 듯이 큰 목소리로 '헬로, 헬로' 서양 말을 두어 번씩 건네곤 했다.

무어라 쏼라거리며 서양 사람과 이야기를 주고받는 딸년의 뒷모습을 그윽이 바라보며, 진구는 참 돈이란 게 좋긴 좋다고 고개를 몇 번이고 주억거렸다. 꼬박꼬박 월 십만 원씩 갖다 바칠 때는 생돈 나가는 것 같더니, 돈 들인 값을 하는 것이다.

그렇게 한갓진 여름내 잡초 뽑으러 품을 팔고, 안에서는 대문짝에 '토종닭'이라고 적어 붙이고 골프장 드나드는 손님들 상대로 매운 고추에 토종닭 버무려 짭짤하니 매상을 올리니 누구 말대로 골프장 없었으면 어찌 살았을까 하는 말이 절로 나왔다.

진구네는 그래서 누가 골프가 무슨 운동이나 되냐고 빈정거리면, 모르는 소리 말라며 얼굴이 벌게지며 핏대를 올려 한바탕 골프 찬양을 늘어놓곤 했다. 딸년이 얻어다 준 헌 골프채 두어 개를 집 뒤편에 내어 놓고 날로 배가 나오는 마누라와 번갈아가며 먼 산을 바라보며 휘둘러 댔다.

얼마 전에 새로 장관이 되었다는 이가 들러 골프장이 며칠 전부터 야단이 난 적이 있다. 그때, 연못 가장이에서 사태 난 흙을 메우고 있던 진구는 홀을 돌던 장관이 동행하던 사람들과 나누는 이야기를 가까이서 들을 수 있었다.

"요즘 너무들 놀아서 탈이에요."

"겨우 닷새 일하는 것도 뭐해서, 생리휴가까지 챙기려 드니……."

"큰일예요. 경제는 점점 어려워지는데……."

장관은 그러면서 골프채를 힘차게 휘둘렀다.

전 같으면 며칠을 두고 가는 데마다 씹어댈 만한 일인데도 진구는 얼굴 한 번 찡그리지 않고 외려 고개만 끄덕였다. 아무리 세상이 바뀌었다 해도 삼시 세 끼 제대로 먹게 된 게 언제라고 개나 소나 놀자 판으로 놀아난단 말인가. 지당하신 말씀이라고 진구는 장관 등 뒤에다 대고 절까지 했다.

그런 진구에게도 한 가지 아쉬운 것은 겨울 한철이었다. 일거리가 끊어지고, 토종닭 손님들 발길도 줄어 그저 지구 온난화인지가 더 심해져서 차라리 겨울이 없어지기만을 바랄 뿐이었다.

돈이란 것이 벌기는 힘들어도 쓰기는 쉽다고, 농사도 내려놓은 터에 겨우내 방안에서 시름없이 돌아가는 보일러 소리만 듣고 있자니, 사람 꼴이 영 우스웠다.

궁리 끝에 진구는 골프장 주변을 돌아다니며 담장을 넘어온 골프공을 줍기로 했다. 주워온 골프공은 연습장 맹 사장에게 개당 삼백 원에 넘겼다.

하루에 백 개만 주워도 삼만 원이었다. 주인 없는 골프공을 죄다 팔아먹고 난 진구는 급기야 골프장 안까지 기어들어가게 되었다.

관리인들이 퇴근한 야밤을 틈타 골프장 안의 연못을 뒤졌다. 아직 얼지 않은 연못에 발을 담그고 시퍼런 겨울 달빛 아래서 공을 더듬는데, 다리가 얼얼하니 얼긴 했지만 손 안에 그득그득 잡혀 올라오는 골프공 맛에 비하면 그것은 아무 것도 아니었다.

그날 밤도 골프공을 주머니가 미어터지게 담고도 남아 점퍼

안에다 대구 집어넣어 배가 맹꽁이처럼 불룩해질 무렵이었다. 어디선가 부스럭거리는 소리에 몸을 낮추고 있자니, 무어라 중얼거리는 말소리가 들려왔다. 야심한 시간에도 골프채를 휘두르는 이가 있나 보다고 서둘러 철망을 되넘어온 진구의 눈에 기이한 장면이 들어왔다.

철망 부근의 으슥한 잔디밭에 바지를 홀렁 벗어 내린 양코배기 중늙은이가 한눈에 뵈기에도 제 딸이나 되어 보일 여자를 깔아뭉개고 있는 판이었다.

헉헉거리며 한껏 용을 쓰던 노랑머리 사내는 숨이 턱에 찬 중에도 기어코 한 마디를 뱉어 내는데, '나이스 샷' 이래나 뭐래나. 가만히 밑에 깔려서 쥐 죽은 듯 있던 여자애도 살집 좋은 사내 등 너머로 발쭉하니 얼굴을 내밀며 서양말로 무어라 조잘거리는데, 진구는 그만 덜컥 숨이 목에 걸려 그 자리에 고꾸라질 판이었다. 마침 구름 밖으로 새어나온 보름달이 훤히 비치는 바람에 알몸이 그대로 드러난 여자 아이는, 저녁마다 영어 공부를 한다며 읍내 학원으로 달려가던 딸년이 아니었던가.

딸년을 깔아뭉개고 있는 사내는 어찌나 그 짓에 푹 빠졌는지, 진구가 두 손으로 철망을 움켜잡고 요란스레 흔들어대도 딸년의 허여멀건 속가슴에 얼굴을 파묻은 채, 연신 '나이스 샷, 나이스 샷' 만 찾으며 숨을 헐떡이고 있었다.

그렇기는 딸년도 마찬가지였다. 양코배기 등을 부둥켜안고 가슴패기에 얼굴을 묻고는 바로 곁에 제 애비가 보고 있는 줄도 까맣게 잊고 있었다.

　진구는 여태껏 기연가미연가 뜻을 알지 못했던 몰입이라는 말뜻을 제대로 알게 되었다.

김곰치

1970년 경남 김해 출생.
1995년 《부산일보》 신춘문예에 단편 「푸른 제설차의 꿈」이 당선되어 문단에 나옴.
장편소설로 『엄마와 함께 칼국수를』이 있고, 르포 산문집으로 『발바닥, 내 발바닥』이 있음.
1999년 제4회 한겨레문학상을 수상함.

악몽

악몽

 지혜롭고 고결한 사람도 악몽을 꾼다. 이웃집 여인과 간음하다가 들키기도 하고, 사람을 벼랑에 밀어버린 뒤 발각될까봐 두려워한다. 지혜와 인격은 의식의 영역이고, 꿈이란 모름지기 무의식의 땅에 거하기 때문이다. 척박한 곳에 떨어진 꿈의 씨앗이 자라나 흉한 열매를 맺는 것을 누가 막을 수 있으랴. 지위 고하를 막론

하고 꿈을 꾼다. 헉, 소리로 이 짧은 이야기를 시작해보자.

"헉."

하면서 그의 허리가 세워졌다. 침대에서 벌떡 일어난 때문이다. 엉겁결에 손을 가슴에 댔는데 심장이 뛰고 있나, 본능적으로 확인하는 것이었다. 벌렁거리는 가슴에서 손이 스르르 내려왔다. 그리고 탄식했다.

"하느님······."

홍수를 일으키는 꿈을 그는 꾸었다. 홍해를 갈랐다는 모세처럼 꿈속의 그는 물을 일으키는 권능을 가진 사람이 되어 있었다. 북한산 꼭대기에 서서 그가 명령한 것이었다. 발기한 성기처럼 물줄기가 치솟더니 마을을 쓸어 담기 시작했고, 집과 방에 물이 찼고, 아침 드라마가 나오고 있던 텔레비전을 삼켰다. 시체들이 둥둥 떠다녔다. 어라, 나 말고 다 사라졌네?

"여보?"

하고 잠결의 아내가 그를 불렀다. "응." 하고 그가 대꾸했다. 그리고 말이 없었다. 여보, 응 했으니까 별일 아니구나 하고 확인이 된 것이다. 아내에게서 코고는 소리가 다시 났다. 그는 머리맡의 베개를 등받이 삼아 눈을 감았다. 평소보다 이른 3시지만, 늘 그렇듯이 새벽기도를 하려는 것이다. 디리릭 소리가 났다.

아내가 코 말고 자기의 항문으로 소리를 냈다. 그는 약간 낯을 찌푸린 뒤 묵언 기도를 시작했다. 무엇보다 불쾌한 것은 방금 꾼

꿈이었다.

하느님, 오늘, 드디어 국민투표의 날입니다. 무엇을 귀띔하려고 하셨습니까. 방금 그것이 당신의 예지몽이었나요. 아니면 그냥…… 개꿈입니까?

그는 기도를 중단하고 잠시 생각했다. 물을 일으키는 능력을 가졌다는 것은 좋은 일이었다. 그런데 사람이 떼로 죽었다는 것은 나빴다. 가전제품이 망가지는 것도 나빴다. 꿈의 메시지를 알기 힘들었다. 기도는 꿈의 연장이었다. 어떤 복잡한 꿈도 기도의 말이 정리해버렸다. 기도는 사실상 그의 의지였다.

그는 수많은 잠재적인 정적政敵을 꿈과 기도를 통해 가려냈었고, 거의 언제나 성공적인 결과를 얻었다. 정치적으로 승승장구했다. 수십 년 새벽기도를 해왔는데, 변함없이 하는 이 기도가 어느 날부터 대통령의 기도가 되어버렸다는 사실을 깨닫고 그는 전율했다. 당연한 일인데, 그는 대통령이 되어버렸고, 기도는 그 후에도 계속되었으니까. 국책사업의 시행을 국민투표로 정하자는 석 달 전의 대국민 선언도 이 침대 맡에서 얻은 것이었다. 이러한 대통령의 기도는 이 땅에 사람의 역사가 생긴 이래 최초의 일이었다. 전임 대통령도 교회 출입을 하는 자가 있었으나 그들이 신실하다고 그는 한 번도 생각해본 적이 없었다. 궁정에 목사를 불러 예배를 본 대통령이 있었던가. 국가 중대사가 매일의 새벽기도에서 암암리에 결정된다는 사실이 그는 짜릿했다. 신실한 그는 재개

했다.

하느님, 이어지는 강은 새 강이에요. 몇 월 며칠 몇 시! 합수合 水의 순간에 갑자기 이 땅 역사에 새로 등장하는 강이올시다. 그날 부터 강의 이름이 달라져야 하고, 지도가 달라져야 합니다. 과연 그렇게 할 것인지를 오늘 국민이 결정하려고 합니다. 나는 줄기차 게 요구했고, 위대한 우리 국민이 답을 하려고 합니다.

그의 눈앞에 문득 국토가 떠올랐다. 도로와 강이 얼키설키했 고, 그것들은 혈맥 같았다. 그런데 너덜너덜해 있었다. 국토는 노 쇠했다. 강과 강을 잇는 토목공사가 혈관에 스탠스를 삽입하는 것 처럼 그에게 떠올랐다. 그러니까 그의 국토는 오랫동안 앓고 있는 심장병 환자와 같았다. 대대적인 수술을 해야 한다고 그는 주장하 였고, 정치적인 반대파 중에는 환자의 상태를 달리 진단하는 돌팔 이들이 있었고, 수술 비용도 수시로 뻥튀기하였다. 어느 때부턴가 그런 소리들은 그의 귀에 들리지 않았다. 국토의 신음만이 들렸 다. 죽이든지 살리든지 빨리 나 좀 어떻게 해달라는 환자의 간구 가 처절했다. 그게 하느님의 소리가 아니고 무엇이겠는가.

한강과 낙동강을 잇고요, 영산강과 금강을 잇고요, 마침내는 4대 강이 하나의 강이 되지요. 즉 부산과 서울, 광주와 목포가 하 나 되는 일이에요. 지역 통합이 딴 게 아니죠. 자주 만나게 하고 통 하게 하면 돼요. 여기서 또 끝이 아니죠. 물줄기는 북으로 갑니다. 감히 누구도 상상하지 못한 새로운 통일운동이란 말예요. 한반도 전체의 대사업이란 말예요. 총칼이 아닌, 평화의 불도저란 말예요. 젖과 꿀이 흐르는 땅이 이 한반도에 펼쳐진단 말이죠. 대동강이 흘러와 부산 사람, 목포 사람이 그 물을 마신단 말이죠. 그렇잖아요. 잘 아시잖아요.

하느님과의 독대는 그에게만 주어지는 책임이자 의무감이요, 신탁이었다. 다시 말하지만, 그는 대통령이었다. 일개 목사나 평신도의 기도와 한 나라 대통령의 기도가 어떻게 같을 수 있나. 매일 새벽마다 그가 손을 모으기만 하면, 막바로 역사적인 기도가 행해지는 것이었다. 그런데 언제부턴가 하느님마저 가르치려 드는 듯이 기도의 꼴이 되어가는 것을 그는 몰랐다.

방금의 꿈은 대체 어떤 시추에이션입니까. 내가 왜 산꼭대기에서 홍수를 일으킵니까. 집중폭우로 홍수가 일어날 거라는 반대파들의 헛소리에 현혹당한 겁니까. 기본적으로 운하란 것은 강을 넓히고 깊게 하는 것인 줄 모르십니까. 강을 깊고 넓게 하여 안정화시키는 것인 줄 모르십니까. 강의 용량을 몇 배로 늘려 수천 년 반복된 홍수를 근원적으로 없애는 일이란 말예요. 아, 한강더러 너, 낙동강한테 가라, 영산강더러 너, 금강과 합쳐라, 이런 권능의 표현이었습니까. 어쩔 수 없이 잠겨야 하는 몇 마을, 이주를 거부하는 사람들에게 물벼락을 내리겠다는 뜻입니까. 그런 꿈이었지요? 그렇지요? 그런데 왜 내 가슴이 그리 벌렁거렸습니까. 지금은 잔잔해 있지만서두 말예요.

디리릭.

소리가 났다. 이 여편네가……. 그는 기도의 말을 이었다. 다시 말하지만, 세상의 모든 기도는 사람의 의지일 뿐이다.

하느님, 당신도 모르는 것을 인간이 더 잘 알고 있는 것이 있어요. 선거운동의 온갖 수단과 기술을 모르시잖아요. 강 밑바닥의 오염물질이 떠오르는 것을 애초부터 차단해버리는 진공흡입식 준설공법도 당신은 모르죠? 피가 온몸을 돌듯이 강이 온 국토를 돌게 될 것을 당신은 이 땅을 창조할 때는 상상도 못했잖아요. 당신이 못 다한 창조를 우리가 완성하는 것이에요. 그런데 대관절 홍수라니요. 그러심 안 됩니다. 내가 다시 잠을 청할 테니까요, 애매한 것 말고 확실한 꿈을 내려주세요. 이 땅의 물들이 좋아서 부글부글 춤추는 꿈을 꾸게 해주세요. 자, 됐죠?

그는 침대 속에 몸을 밀어 넣고 모로 누웠다. 그런데 잠이 오지 않았다. 더한 악몽을 꾸게 될까 두려웠던 것이다. 뒤척거리고 있는데, 여론조사 결과를 매일 아침 보고하러 들어오는 정무비서관의 얼굴이 떠올랐다. 비서관은 늘 웃는 낯이었으나 이상하게 녀석의 발걸음 소리에 거짓말이 섞여 있었다고, 입은 거짓말을 해도 발은 절대 속이지 못한다! 하고 그는 무섭게 깨달았다. 그러나 그는 어제 아침, '57% 찬성'이라는 마지막 여론조사 결과를 믿고 싶었다. 오늘 하루만 지나면, 어쨌든 결판이 나겠지.

자신이 결정해놓고 국민이 선택하는 것이라고 떠넘기면서 속이 편해진 그가 막 잠이 들 때였다. 헉 소리가 들렸다. 여편네가 심장을 움켜쥐며 몸을 일으키더니 "하느님…….." 하는 것이다.

"여보?"

그가 불렀다. "응." 하고 아내가 대꾸했다. "왜?" 하고 다정한 그가 물었다. 그러자 아내가 말하는 것이다.

"꿈을 꾸었어. 당신이 산꼭대기에 있고 홍수가 일어났어. 사람들이 떼로 죽고 당신은 다행히 안 죽었어. 물을 보면 횡재수가 있다 하고, 사람들 죽는 것도 돈꿈이라잖아. 좋은 꿈이야. 근데 이상하네? 왜 이렇게 가슴이 벌렁거리지?"

그리고 디리릭 소리가 났다.

1960년 부산 출생.
중앙대학교 문예창작학과 졸업.
1990년 계간 『사상문예운동』에 중편 「새벽길」을 발표하며 문단에 나옴.
창작집으로 『바람이 우리를 데려다 주리』가 있고, 장편으로 『짧은 생애』(상. 하권)가 있으며,
저서로 『윤상원 평전』이 있음.

내 말을
믿지
마라!

내 말을 믿지 마라!

청와대 조찬 국무회의장.

설렁탕에 밥을 말던 문화예술부 장관이 사리를 건져 올리더니 문득 이맛살을 찌푸렸다. 젓가락을 휘휘 젓던 그는 옆에 앉은 행정부 장관에게 "도저히 더는 못 먹겠네요." 하고 귀엣말을 속삭였다.

"차라리 고무줄이나 실을 씹는 게 낫겠어요."

행정부 장관도 입맛이 쓰기는 마찬가지였다. 그는 국민성공시대 국무회의의 주무 장관인, 국민식생활부 장관의 옆구리를 쿡쿡 찔렀다.

"이 짓을 언제까지 해야 됩니까?"

"어이구 깜짝이야. 하마터면 체할 뻔했잖아요. 낸들 알겠어요. 국민들 입맛에 맞겠다, 하고 각하의 승낙이 떨어져야지요."

국민식생활부 장관은 행정부 장관의 손길을 내치며 대통령의 눈치를 살폈다. 대통령은 깍두기를 씹으며 밀가루보다는 쌀이 훨씬 더 건강에 좋다는 것을 떠벌이고 있었다. 마주 앉은 여성부 장관은 국민들의 쌀 소비가 갈수록 줄어들어서 걱정이라고 맞장구를 쳤다.

그랬다. 이른 아침부터 국무위원들이 쌀로 만든 사리를 넣은 설렁탕을 먹게 된 건 오로지 대통령의 뜻이었다. 세계 식량 사정이 안 좋아지고 밀가루 값이 폭등하자, 대통령은 설렁탕에 넣을 사리를 쌀로 대체할 것을 지시했다. 체감 물가를 알아보려고 들렀던 재래시장에서였다. 대통령은, 두 배로 뛴 밀가루 때문에 죽을 맛이라는 설렁탕 집 주인의 하소연을 듣자, 그 즉시 쌀국수를 개발해내라고 명령했다. 공단 전봇대를 하루아침에 뽑았듯이 즉석에서 국정을 챙기는 건 최고 경영자를 자임하는 대통령다웠다. 어차피 남아도는 쌀이었다. 헌데, 사리랍시고 시제품을 아무리 만들어도 제 맛이 안 났다. 새벽부터 출근해서 아침을 먹는 국무위원들의 표정을 보면 알만했다. 20일째, 설렁탕 사리를 씹는 국무위원들은 하나같이 우거지상이었다.

"국민성공시대를 열어야 합니다! 그러자면, 무엇보다도 국민의 '격'을 높여야 합니다!"

시제품 사리를 어금니로 씹은 국민식생활부 장관은 갑자기 외쳤다. 아침마다 동료 국무위원들의 눈총을 받는 것도 지긋지긋했다. 가시방석에서 벗어나기 위해서라도 돌파구가 필요했다. 국무회의니만큼 국민을 팔아먹는 게 최고였다. 국민을 위한다는 데 누가 뭐라 하겠나. 짐작대로 대통령을 비롯한 국무위원들의 눈길이 그에게 쏠렸다.

"그래요, 그것 땜에 우리가 대선에서 이겼잖아요."

"성공시켜주겠다는 데 싫어할 놈……아니, 국민이 있겠어요? 한 방에 꼴까닥 넘어갔잖아요."

"모든 국민이 성공하는 나라 얼마나 삼삼합니까!"

국무위원들은 다들 한마디씩 거들었다. 그리고 얼씨구나 하고 수저를 내려놓았다. 맛대가리 없는 설렁탕에서 벗어나게 해줘 고맙다는 표정이 역력했다.

"그래, 좋은 수가 있습니까?"

대통령이 물었다.

"다시 한 번 말하지만, 국민의 격을 높여야 합니다! 아니, 온 나라의 격을 높여야 합니다!"

대통령의 관심에 힘을 얻은 국민식생활부 장관은 무엇보다 격을 높이는 데는 먹는 게 최고임을 강조했다. 그리고 자신이 직접 경험한 일을 털어놓았다.

"소주 3병, 봉사료 6만 원, 테이블 비용 3만 원, 이것저것 합해서 14만 원 나왔다, 이겁니다. 그런데 우리 국민이, 성공시대를 열어야 할 우리 국민이 이걸 못 내겠다고 종업원하고 싸우더라 이겁니다. 한정식 집에서 말이지요. 저번에 동창들하고 갔던 한정식 집에서 제 눈으로 직접 목격한 일입니다. 한정식이 뭡니까? 아, 우리 한국 사람들이 가장 즐겨 먹는 식단 아닙니까? 그걸 속편하게 못 먹는 데서야 어떻게 성공시대를 열겠습니까?"

"그렇게 쪼잔해서야 안 되죠. 성공시대에 자격미달인 국민이죠."

"그렇습니다. 그나마 그 집주인한테 제가 위로를 받았습니다. 쪼잔한 국민한테 주인이 이러더군요. 우리 집에는 국회의원이나 장관들이 온다. 격이 있는 분들이 온다. 다시 말하지만 격이 있는 분들이라 이겁니다! 우린, 그만한 서비스를 한다! 그 분들은 격을 따지지 가격은 안 따진다! 그러더군요. 얼마나 멋있습니까! 성공시대에 어울리는 국민이라면 이게 정상 아닙니까?"

"내가 정권을 잡고 있는 한 그런 국민은 퇴출해야 마땅합니다. 국민성공시대를 누릴 자격이 없어요. 그래, 좋은 대책이 나왔습니까?"

설렁탕 사리를 씹던 대통령이 물었다. 그의 얼굴에 완강한 의지가 드러났다.

"제가 누굽니까! 국민식생활을 책임진 장관입니다. 국민의 격을 끌어올리기 위해서라면 먹고 또 먹고 밤낮으로 먹을 자신 있습니다! 하지만 국민들이, 성공시대를 열어야 할 국민들이 즐겨 찾는 식당과 부식비를 보고 기가 막혔습니다."

목이 멘 국민식생활부 장관은 그 대목에서 울먹거렸다.

"질 낮은 수입고기가 판치는 음식점에서 허접한 삼겹살이나 뜯지 않나, 칼날이 든 참치 캔을 먹지 않나. 그렇게 먹어서는 안 됩니다. 당장 저만큼 끌어올릴 자신 있습니다!"

"그래서 정책을 세웠냐구요?"

그때까지 사리를 씹고 있던 대통령이 거듭 물었다.

"한정식 집을 짓는 데 예산을 투입하는 겁니다. 그날, 저 참담했습니다. 우리가 그런 격 낮은 국민의 정부라는 게 말이 됩니까? 장관으로서 자존심 무척 상했습니다. 성공시대 국민들은 무조건 고급 한정식 집에서 식사해야 합니다. 담당 팀장이 예산이 없다고 발뺌하더군요. 그래서 제가 말했습니다. 무료로 국민들에게 식권 나눠주라고 명령했습니다. 전국을 한정식 집으로 도배하는 겁니다!"

국민식생활부 장관은 문화예술부 장관의 등을 두드렸다. 10분이나 지났지만 문화예술부 장관의 토악질은 계속되고 있었다. 변기에 얼굴을 들이민 문화예술부 장관은 몹시 고통스러워했다. 이게 다 그놈의 쌀로 만든 사리 탓이었다. 아침마다 시제품 사리로 만든 설렁탕을 먹은 지 50일째, 드디어 속이 메슥거리다 못해 토하는 사람, 아니 국무위원들이 속출했다. 아, 좀 쾅쾅 두들겨요! 문화예술부 장관이 악을 썼다. 국민식생활부 장관은 찔끔했다. 문화예술부 장관의 입가에 엉겨 붙은 밥알과 사리를 보자 속이 울렁거렸다. 하루 이틀도 아니고 시제품 설렁탕 먹기는 사람이 할 짓이 아니었다. 게다가 대통령은 시제품이 언제 완성되느냐고 채근하지, 설사에 거식증에 시달린 국무위원들은 살려달라고 아우성이지, 그로서도 죽을 맛이었다.

"언제까지 헛지랄을 계속 할 겁니까? 국민 격 올리다가 우리가 굶어죽게 생겼어요."

입술을 훔친 문화예술부 장관이 기어드는 목소리로 말했다. 그리고 "왜 그렇게 사람이 눈치가 없냐!"고 따졌다.

"눈치라뇨?"

쥐구멍이 아니라 변기에라도 얼굴을 처박고 싶었던 국민식생활부 장관이 되물었다.

"우리 식대로 하면 되잖아요!"

"우리 식이라뇨?"

"이런 답답한 양반 봤나? 아, 청문회 잊었어요?"

"청문회?"

아! 하고 국민식생활부 장관은 탄성을 질렀다. 비로소 '50만 원 식사 사건'이 번쩍 떠올랐다. 국민식생활부 장관은 토사물로 범벅된 문화예술부 장관에게 엄지손가락을 꼽으며 고마움을 표했다. 역시, 우리 식이 최곱니다!

국회에서 있었던 장관 청문회 때였다. 땅 투기를 시비 걸던 야당 국회의원이 갑자기 한정식 집 얘기를 꺼냈다. 그는 '향원'이라는 한정식 집을 아느냐고 물었다. 구체적인 장소는 안 밝혔지만 북한산에 있으면 자신의 단골집이라고 국민식생활부 장관은 자신 있게 말했다.

"한 끼 식사 값이 얼마인지 압니까?"

야당 의원이 물었다.

"아시면서……그래도 친구들끼리 가서 격조 있게 놀고 마시려면 1인당 50만 원은 들어야죠."

국민식생활부 장관은 답했다.

"평소에도 50만 원짜리 식사를 하십니까?"

"아주 좋은 질문입니다. 선견지명이랄까요? 그러니까 오래 전부터 국민의 식생활은 그 정도는 되어야 한다는, 나름대로의 철학을 몸소 실천한 셈이지요. 그래서 오늘, 이 자리에 제가 서 있는 것 아닙니까!"

"향원이라는 데가 어떻게 생겼는지 설명해줄 수 있습니까? 나오는 음식이나 서비스 질이나……어떻게 해서 1인당 50만 원이나 되는지."

"제가 참, 국민식생활부 장관이 되려고 해서인지 몰라도 그 집뿐 아니라 좋은 데는 두루두루 다녀봤습니다. 국향, 비원, 용궁, 대궐……어디 보자, 대궐은 의원님도 뻔질나게 다녔지 않습니까?"

"나는, 대궐의 대자도 모르는 사람이에요. 경복궁이나 창경궁이면 모를까!"

야당 의원이 딱 잡아떼자 국민식생활부 장관은, "아, 의원님도 언제가, 작년 춘삼월 달 밝은 밤인가요? 보름달은 휘영청 떴지, 꽃향기는 콧등을 살살 어루만지지, 하여튼 국정을 고민하기에는 맞춤한 밤이었죠. 제 옆방에서 여자 애가 맘에 안 든다고 병 깨고 술상 엎었잖습니까!" 하고 그날, 엎치락뒤치락 하느라 입은 팔목 상처를 보여주었다.

"나는 그런 일 없어요! 이 자리가 어떤 자린데 농담도 가려서 해야지. 청문회를 모욕하지 마세요. 국민들이 다 보고 있어요!"

"제 말이 그 말입니다. 전 국민이 생중계로 보고 있으니 얼마나 좋습니까. 국민들의 그릇된 식생활 의식을 뜯어고칠 수 있는 절호의 기회다 이겁니다. 컵라면, 싸구려 해장국……그 따위 허접

한 음식을 먹어서야 어떻게 국민소득 3, 4만 불 시대를 열겠습니까. 성공하려면 체력이 강해야죠. 체력이 좋아야 죽도록 일하고 돈 많이 벌 수 있다, 이겁니다."

 국민이 성공하는 나라? 모르세요? 그걸로 정권 빼앗아왔는데, 여태 정신 못 차리셨어? 그날, 국민식생활부 장관은 야당 의원에게 마구 퍼부어주었다. 입만 열면 국민을 위한다는 의원이 밥 한 끼 50만 원에 벌벌 떠는 시늉을 해서는 안 되었다. 그러니 총선에서 떨어질 수밖에. 국민성공시대에는 누구나 그렇게 먹을 수 있음을 날마다 지겹게 떠들어야 마땅했다.

 "자, 국무위원 여러분, 서로서로 얼굴을 한번 쳐다보세요. 각하는 물론, 여러분 모두 빤질빤질하잖아요. 땅이건 돈이건 음식이건 닥치는 대로 처먹어서……아니, 잘 먹었기 때문입니다. 그게 얼굴에 다 씌어 있어요. 총리 각하 보세요. 칠순을 한참 넘겼는데도 팽팽하잖아요. 성공시대를 사는 우리 국민들도 우리처럼 될 수 있다 이겁니다!"

 '안가'를 안내하던 국민식생활부 장관은 자신만만했다. 드디어, 대통령에게 쌀로 만든 사리가 완성되었음을 보고하는 날이었다. 안가라지만 대통령에게는 국민식생활연구소라고 설명했다.

 "연구소다 안가다 해서 딱딱할 줄 알았는데, 보기보단 괜찮습니다."

상차림을 훑어보며 문화예술부 장관이 빙긋 웃었다. 궁중 대하찜, 간장게장, 떡갈비, 찰쌉화전, 자연송이, 신선로, 구절판, 너비아니, 전복죽······국민식생활부 장관은 "그동안 시제품 먹느라고 고생한 국무위원들을 위해 익숙한 음식을 차렸지요."라고 눈을 찡긋했다.

"헌데, 설렁탕은?"

"아, 그건 오늘의 주인공이니 만큼 맨 나중에 등장할 겁니다."

"우리 식인데······뭔가 부족한데요?"

"어련하시겠습니까. 다 준비했습니다!"

국민식생활부 장관은 대통령이 자리에 앉자 손뼉을 쳤다. 이윽고, 풍악이 울리고 한복을 차려입은 아가씨들이 국무위원들 곁에 앉았다.

국민식생활부 장관은 여성 국무위원들에게 다가가 눈치껏 포도주를 따라주었다. 야당 할 때 여기자 성 추문이다 해서 익숙한 자리일 터이니, 눈 질끈 감고 넘기라는 거였다.

"같은 음식이라도 분위기가 좋아야 맛도 좋고 소화도 잘됩니다. 다들, 워낙 잘 아실 겁니다. 소박하게나마 연구소를 꾸며봤습니다. 우리식대로 마련해봤는데 맘에 드실지 모르겠습니다. 쌀국수도 그렇습니다. 설렁탕에 들어갈 사리라 할지라도······."

"바꿔줘!"

갑자기 대통령이 국민식생활부 장관의 말허리를 잘랐다. 바꿔 달라니? 한창 쌀국수가 완성되었음을 선포하려던 국민식생활부 장관은 뜨악한 채 두리번거렸다.

"아가씨 바꿔줘!"

옆에 앉은 아가씨를 보던 대통령이 냅다 소리 질렀다. 그리고 대통령은, "당신은 잘 생겼잖아. 그런데 예쁜 애를 끼고 있으면 어떡해요? 욕심이 너무 과한 거 아닙니까?" 하고 문화예술부 장관을 손가락으로 가리켰다.

당황한 건 국민식생활부 장관이었다.

"아니 각하, 지난번에는 안 생긴 애들이 서비스를 잘한다고 하셨잖습니까?"

"그랬지요. 예쁜 애들은 하도 손님을 많이 받아서 닳고 닳았다구. 거 왜, 건설현장에서 뛸 때 선배가 했던 말이라구 둘러댔지요."

"그래서 일부러 안 생긴 애를 앉혔는데……."

"쌀국수 만들랬다고 '삽질할 때' 알아봤어."

혼잣말을 구시렁댄 대통령이 국민식생활부 장관에게 벌컥 화를 냈다.

"나 원, 그 말을 정말 믿었다는 거요?"

조현용

1973년 전남 고흥 출생.
1998년 《동아일보》 신춘문예에 중편 「새만금 간척사업에 대한 소고(小考)」가 당선되어 문단에 나옴.
작품집으로 『파도는 잠들지 않는다』가 있음.
2006년 문화예술위원회 신진예술가 부문 지원을 받음.

금이
나왔다

금이 나왔다

 금이 나왔다. 분명 그것은 금이었다. 달빛을 받아 반짝반짝 빛나는 사금들. 이처럼 아름답고 황홀한 풍경이 또 있을까? 철수는 사금을 좇아 사금사금 걸음을 옮겼다. 이런 횡재라니. 오, 하느님, 부처님, 공자님……. 철수는 믿지도 않는 온갖 신들의 이름을 부르며 그대로 모래 더미에 무너지듯 몸을 뉘였다. 누웠다가는 무엇인가에 화들짝 놀라 일어서 조심스레 몸에 붙은 모래들을 털어냈다. 분명, 차 가득한 모래 더미 속에는 아직 발견하지 못한 금이 많을 것이라고 철수는 생각했다. 그런 것을 그대로 깔고 뭉갤 수는 없는 노릇이었다. 암, 없는 노릇이고말고. 흐흐, 흐흐, 싸늘함이 반기는 집으로 돌아가는 철수의 발길이 참으로 오랜만에 가벼웠다.

　각시가 아파트를 하나 사자며 부어오던 적금을 헐어 기어이 덤프를 한 대 장만하면서부터 철수에게는 하루하루가 고난의 연속이었다. 처음 몇 달은 그래도 재미가 쏠쏠해서 옥황상제가 부럽지 않았다. 마음먹은 것처럼 새만금 간척사업 공사판에 덤프를 댔으니 곧이라도 큰 사장님 소리를 들으며 살 것 같았다. 그러나 환경단체인지 뭔지 공사를 중단하게 만들면서 일은 틀어지기 시작했다. 공사는 중단되고 갚아야 할 빚은 늘어났다. 할부금도 제대로 갚지 못하면서 철수에게 하루하루는 그야말로 볕이 들지 않는 쾨쾨한 쥐구멍 속의 날들이었다. 새만금 공사가 다시 시작되었을 때는 그러나 철수는 이미 밀린 빚을 어쩌지 못하고 도망치듯 먼 타향으로 떠나와 객살이를 하고 있던 참이었다. 각시는 그깟 덤프 팔아버리자고, 그래 밀린 빚을 얼마간이나마 갚고 다시 시작하자 했지만 철수에게 그것은 마지막 남은 어떤 동아줄을 놓아버리는 일처럼만 느껴졌다.

　그러던 차에 얻게 된 금이었다. 무게를 재어보니 못해도 두어 돈은 충분히 될 듯싶었다. 이것이 분명 금이렷다. 철수는 백열등

밝은 불빛 아래서 다시 한 번 예쁘디예쁜 금을 살피고 나서 고향에 있는 각시에게 전화를 걸었다. 늦은 시간 각시는 잔뜩 짜증이 섞인 목소리로 철수의 전화를 받다가 금이라는 말에는 비온 뒤 죽순처럼 잔뜩 생기가 돌았다.

"뭐, 금이요? 금? 그게 참말이요? 아따 자세히 좀······."

"아이, 이 사람이 전화로는 다 이야기하기가 참말로 거시기 하당게······. 글지 말고 내일 첫차로 여기 좀 오소, 이. 딴 사람한테는 입도 뻥끗 말고, 알았지?"

"아따, 사람 폭폭하게 궁금혀서 그걸 어찌 참어요. 글지 말고 전후 사정을 대강이라도 이야기를 좀 해보랑게요."

아이, 그게. 아따, 전화로는 다 이야기 얘기하기가 거시기 하당께······. 음매, 이게 어찌된 거냐면, 이. 아, 그려, 거시기 이게 다 멩바기 대통령 각하 때문이여. 암만, 그분 때문이고말고. 흐흐, 흐흐, 철수는 다시 또 흘러나오는 웃음을 쿡쿡 참고서 각시에게 자랑 삼아 이야기를 늘어놓았다.

철수가 고향을 떠나 덤프 하나 달랑 몰고 도착한 곳은 친척이랄 수도 없는 아주 먼 친척이 살고 있는 낙동강 하구의 작은 마을이었다. 그래도 부산이 가까운 곳이니 무슨 일거리가 있을 것이라는 막연한 기대에 염치 불구하고 친척을 찾아왔던 터였다. 허나 일이 없기는 여나저나 매일반이었다. 더욱이 생면부지 난뎃놈에게 일을 쉬 맡길 사람은 그리 많지 않았다. 그래도 빚 독촉에 시달리지 않는 것으로 위안을 삼는 그런 날이었다. 어쩌다가 친척의 소개로 일이 들어오는 것이 소똥이나 치우는 그런 일이었다. 그럴 때면, 니기미, 입에 쌍소리가 저도 모르게 달려들었다. 이번 일도 별반 다르지 않았다.

아이구마. 이게 우리 형님아가 그래 시키라 해사 시키지만서도 남들한테 일 맡기기가 억수로 이상할킨데…….

한참 엉너리를 늘어놓던 땅주인은 갑자기 주위를 두리번두리번 살피더니 귓속말을 하기 시작했다.

사실은 여가 상수도 보호구역인가 뭔가 그거다 아입니더. 근 카 실은 이렇게 모래를 퍼다가 써도 안 되고 버려도 안 된다 카이. 하지만서도 세상이 어디 그렇습니까. 이번에 우리 고마운 멩바기 대통령 각하가 대운하 사업 한다고 안 합니까. 근카 인자마 우리는 살았는기라. 하믄 살고말고. 그래, 이곳 땅값이 억수로 오르고……. 근데 보상을 더 많이 받을라카믄 여가 그냥 이런 모래땅이면 안 된다 안 합니더. 다 불법인지 알면서도 인자는 유야무야다 그런다고 안카요. 그래도 남들 보는 눈이 있어갖고 밤에만 한 차씩 한 차씩 모래를 치어뿔고 황토 좀 덮어가지고 과실수 심어야 하는기라…….

철수가 맡은 일이란 것이 사실은 그렇게 몰래 모래를 갖다 파는 일이었다. 철수 말고 다른 덤프 기사 다섯이서 밤에 한 차씩 모래를 실어다가 한쪽에 세워놓고 아침이 되면 미리 말해 놓은 곳에 부리기로 했던 터였다. 해서, 철수는 바삐 모래를 싣고 집 가까운 곳에 차를 세워 덮개를 덮다가 반짝거리는 작은 알갱이를 보게 되었다. 처음에는 아직 물기가 덜 빠진 모래가 달빛을 받아 빛이 나는 것이려니 했다. 그러나 아무래도 달빛은 아니었다. 철수는 그 가운데 몇 개를 가만히 들어 불빛에 비춰보았다. 그것은 금이었다. 모래 알갱이처럼 작은 사금 알갱이들.

"암튼 말여. 이, 이게 얼추 모았는디 두 돈은 되겠더만. 요즘 같음 한 삼 십은 될 텐디, 이. 것도 내가 어찌어찌해서 위에 실린 것만 골랐응게, 나머지는 또 얼마나 되겠는가. 안 그려. 긍게 내일 와서 우리 금도 보고 님도 보고, 흐흐. 안 근가? 어차피 이 모래를 판다고 했으니까, 내일 땅 주인한테 차가 고장 나서 집 앞에 부렸다고 허고 모래 값이야 그깟 거 주면 되고."

"아따, 글믄 지금 도둑질 하자고 나 부른 거여. 안 갈라요. 참말로 큰일 날라고……글고 그게 금이 맞는지 어찌 안다요. 어디서 이상한 부스러기 주어다가 금이라고 허는 거 아니요? 생전 지 마누라 손가락에 금가락지 하나 안 해준 양반이 금을 알기는 혀?"

아따, 이놈의 여편네가……평소 같으면 그렇게 버럭 소리부터 지르고 볼 일이었지만 이번에는 아무래도 좋았다. 각시의 잔소리가 오히려 반갑게만 들려 철수는 다시 흐흐, 흐흐, 흐르는 웃음을 쿡쿡 눌러놓았다. 글지 말고 좀, 오소, 이. 내일이면 나가 이 웃음이랑 싸늘한 방바닥만 누르지 않고 당신 궁둥이도 좀 실허게 눌

러줄 텡게. 그래저래 전화를 끊고 철수는 예쁜 금들을 마냥 신기한 듯 바라보았다. 덤프에 담긴 금은 또 얼마나 될 것인지? 어찌하여 그 금들이 그 모래 속에 숨겨진 것인지? 일을 맡긴 땅 주인에게 어떻게 핑계를 댈 것인지? 잠을 쫓는 이런저런 생각들이 참으로 반가운 것들이었다.

고맙게도 땅 주인은 모래 값을 받지 않겠노라고 했다. 그 돈이 있거들랑 차나 잘 고치라면서 오히려 걱정을 해주기까지 했다. 다만, 대운하 보상이며 과실수며 그런 이야기만 남들 귀에 들어가지 않게 해달라고 했다. 다행히 철수가 얻어 사는 집이 마을과 외따로 떨어진 창고나 진배없는 집이었다. 그곳에 모래를 널어놓고 철수는 첫차를 타고 온다던 각시를 기다리며 사금을 골랐다. 수도꼭지로 모래를 씻어가며 하나둘 고르는 사금은 그야말로 노다지였다. 아내가 오면서부터 금은 더욱 더 많이 모아졌다. 힘든지도 모르고, 배고픈지도 모르고 두 사람은 날이 까맣게 어두워질 때까지 불을 밝히며 사금을 모았다. 겨우겨우 덤프 한 대의 모래를 다 씻었을 때는 멀리서 동이 터 오르고 있었다. 그래도 두 사람은 싱글벙글 마냥 행복했다. 모아진 금은 적어도 열 돈은 될 것 같았다. 철수의 손이 슬그머니 각시의 가슴으로 들어갔다.

"아따 방정맞게 이게 무슨 짓이래요? 금가루 떨어지면 어쩌려구……."

말은 그렇지만 각시도 결코 싫지 않은 표정이었다. 처음 각시와 사랑을 나눌 때처럼 철수는 각시를 번쩍 안아들고 방으로 들어갔다. 그날만은 싸늘한 방이 싫지 않았다. 오랜만의 회포에 해가 또 저만큼 떠올랐고 늦은 잠에는 해가 어느새 중천이었다. 먼저 일어난 각시가 차려놓은 밥상을 다 먹을 즈음에 각시가 생각난 듯 그 땅을 살 수 없느냐고 말했다.

"왜, 그 땅을 엎고 과수원한다면서……우리가 그냥 돈 좀 더 쳐주고 사면……."

"팔라고 헌당가, 그 사람도 보상 때문에 눈에 불이 났더만."

"긍게요. 어차피 돈 보고 하는 것인디 조금만 잘 쳐주면 안 쓰것소."

"아따, 이 사람 나가 덤프 산달 때는 죽어도 싫다더만 금이 좋기는 좋은갑네, 이. 어제 정도면 아무래도 그 땅에 금이 있기는 있는디……근디, 달러쟁이 속옷이라도 훔쳤는가? 우리가 무슨 돈이 있어야지, 땅을 사도 사지."

"잘만 됨사 그깟 거. 아부지한테 땅이라도 좀."

"장인어른이……전에 주유소 한다고 서너 곱에 그 땅을 내놓으래도 싫다던 양반이 그걸 팔까?"

"아니면 대출이라도……."

철수로서도 욕심을 물리칠 수가 없는 그런 일이었다. 밤에 얼핏 본 땅은 적어도 수만 평은 되는 그런 넓은 모래밭이었다. 낙동강을 타고 흐르는 모래들이 밭을 이룬 땅이라고 했다. 땅이라고는 해도 배추 하나 심어 먹을 수 없는 땅에 그래도 고마운 대통령 덕에 보상이나마 받게 생겼다고 좋아하던 주인의 말을 떠올리며 철수는 아무래도 하늘이 자신에게 마지막 기회를 준 것이라고 생각했다. 그날 밤, 철수와 각시는 쇠고기 몇 근 끊어다가 땅 주인을 찾아갔다. 짐이 실린 차는 아무래도 견인차가 끌지 못해 어쩔 수 없이 모래를 버리게 되었노라고, 해서 참으로 미안했노라고 철수는 엉너리를 놓았다. 그리고 일이 있다면 다시 또 맡겨달라고 했다. 주인도 고맙게 알겠다며 오늘은 이미 다른 차들에게 말을 맞춰놓았으니 내일 연락을 주겠다고 했다. 각시는 선인장을 심기에 좋겠다며 부러 핑계를 만들어 모래 한 봉지를 얻어 오는 것을 잊지 않았다. 집에 돌아와 그 모래를 훑어보니 역시 사금이 몇 조각 들어 있었다.

아직 사지도 않은 땅을 두고 철수와 각시는 마치 제 것이 된 것처럼 신이 났다. 각시는 돈을 장만하겠다며 다음 날 첫차로 고향에 내려가고 철수는 먼 친척을 만나 땅을 좀 살 수 없겠느냐고 물어보았다.

"뭔 일이카이? 그게 무슨 땅이라고 그 땅을 사겠다는 사람이 많노. 안 그래도 철수 니캉 같이 밤에 덤프 몰던 어떤 사람이 시세에 다섯 배도 좋으니 그 땅을 팔아 칸다고 전화가 안 왔노."

철수의 마음이 달아올랐다. 누군지 몰라도 그도 틀림없이 사금을 발견했을 터였다. 이대로라면 그 사람에게 땅을 빼앗길 것만 같았다. 각시에게 전화를 걸어 전후 사정을 설명하고 얼마라도 좋으니 계약금 할 정도만이라도 당장 마련해 오라고 했다. 이틀이 지나 각시가 제법 큰돈을 융통해 왔다.

다행히 아직 땅은 그대로였다. 철수는 대운하 바람에 오른 땅값에 일곱 배를 줄 테니 그 땅을 팔라고 했다. 그리고 마침내 계약이 됐다. 이제 잔금만 치르면 그대로 땅은 노다지가 되는 것이었다.

그토록 아껴오던 덤프를 팔고, 목숨을 내어놓겠다며 장인을 설득해 장인의 땅을 팔고, 마누라와 어린 딸이 살고 있는 전세를 빼고…….

마침내 모래밭은 철수의 것이 되었다. 이사를 가겠다는 날은 아직 하루가 더 남았지만 철수는 아무래도 참을 수 없어 모래밭으로 사금사금 걸음을 옮겼다. 수만 평에 널린 사금을 캐는 일. 그것은 상상만으로도 행복한 일이었다. 오, 하느님, 부처님, 공자님. 그리고 대운하에 빛나는 멩바기 대통령 각하. 철수는 다시 한 번 믿지도 않는 신들에게, 투표도 하지 않은 대통령에게 감사하며 하늘을 올려다보았다. 하늘에 별이 총총 많기도 했다.

문득, 이래저래 신세를 진 먼 친척에게 고맙다는 인사를 하기 위해 전화를 걸었다. 뚜뚜뚜 길게 신호가 울렸지만 무슨 일인지 친척은 전화를 받지 않았다.

유응오

1972년 충남 부여 출생.
대전대학교 정치외교학과 및 동국대학교 문화예술대학원 문예창작학과 졸업.
2001년 《불교신문》 신춘문예에 단편 「연화와운문양」, 2007년 《한국일보》 신춘문예에
단편 「요요」가 당선되어 문단에 나옴.
주요 저서로 『10.27법난의 진실』 『이번 생은 망했다』 『벽안출가』 등이 있음.
현재 《불교투데이》 편집장으로 일하고 있음.

유기자의
'특종'

유 기자의 '특종'

유 기자는 서울대 교문을 보는 순간 어깨가 위축되는 것을 느꼈다. 언뜻 보면 '샤' 자로 보이는 교문은 '서울국립대학교'의 약어 상징물이었다. 'ㅅ'은 서울대를, 'ㅑ'에서 'ㅣ'는 국립을, 'ㄷ'은 대학교를 뜻한다는 것을 형들에게서 익히 들어 알고 있었다. 유 기자의 형들은 모두 서울대를 나왔다. 형제 중 자신만 지방대 출신이어서 평소 학벌 콤플렉스를 갖고 있는 유 기자에게는 서울대 교문이 감히 범접할 수 없는 거대한 성곽처럼 보였다.

유 기자는 형들의 졸업식이 떠올랐다. 사각모를 쓰고 기뻐하시던 어머니의 모습이 눈에 선했다. 일찌감치 남편을 잃고 홀로 아들들을 키웠던 터라 어머니는 형들의 졸업식 때마다 입이 귀에 걸릴 정도로 기뻐했다. 어머니는 자식교육에 대해서만큼은 맹자 어머니를 뺨칠 정도였다. 형들이 학력고사를 보던 날이면 직장 일도 팽개치고 서울대로 달려가 교문에다가 큼지막한 호박엿을 붙이는 것도 잊지 않았다. 난공불락의 성처럼 웅장하게 솟아 있는 서울대 교문을 유심히 쳐다보다가 걸음을 옮겼다.

유 기자가 서울대를 찾은 것은 고고미술사학과 J 교수를 만나기 위해서였다. 불교계 언론사에 근무하는 유 기자는 며칠 전 동국대 이사인 한 스님으로부터 해괴한 말을 들었다. 큐레이터 출신인 S 교수의 박사 학위 논문이 조작됐다는 것이었다. 스님은 그 근거로 S 교수가 박사 학위를 받았다고 주장하는 예일대 대학원 졸업생 명단에 S 교수가 빠져 있는 것을 들었다. S 교수는 상당한 미모와 지성을 겸비한 소유자로 소문이 자자했다. 그럴 리가? 처음 얘길 듣고 고개를 갸우뚱하는 유 기자에게 스님이 내민 것은 S 교수가 썼다고 주장하는 논문 사본이었다. 스님은 똑같은 제목과 내용의 논문이 이미 다른 미국 대학교에 등록돼 있다고 주장했다.

유 기자는 사건의 진위를 판단하기 위해 미술사학 전공으로 예일대에서 박사 학위를 받은 이를 찾다가 J 교수가 그 적임자임을 알게 됐다.

S 교수가 썼다는 논문 사본을 내밀자 J 교수는 대번 코웃음을 쳤다.

"이건 가짭니다. 예일대에서 요구하는 논문 작성 규정과 전혀 달라요."

J 교수는 자신의 논문을 들고 와서 S 교수의 논문이 무엇이 문제인지 조목조목 지적해줬다. 그리고 책상에 앉아 컴퓨터를 켰다.

"미국에서 박사 학위를 받았다면, 해당대학교·미국국회도서관·UMIUniversity Microfilms에 반드시 기록이 남게 돼 있어요."

J 교수가 말한 어느 곳에도 S 교수의 논문은 등재돼 있지 않았다.

"만약 S 교수가 자신의 주장대로 1996년 입학해서 2005년 박사 학위를 받았다면 1997년 입학해서 2004년 박사 학위를 받은 나와 어떻게 한 번도 마주친 적이 없겠어요? S 교수는 이메일을 통해 지도교수로부터 수업을 들었다고 주장한 것으로 아는데, 예일대가 방송통신대학입니까?"

J 교수의 말투에는 예일대 출신이라는 데서 오는 자부심이 숨어 있는 듯 보였다. 유 기자는 J 교수를 만나는 내내 머리털이 쭈뼛쭈뼛 서는 것 같은 느낌이 들었다. 특종의 예감이었다.

유 기자의 예상은 적중했다. 기사가 보도된 후 중앙 일간지 기자들의 문의 전화가 쇄도했고, 일부 일간지들은 직접 유 기자의 기사를 인용보도하기도 했다. 일간지들은 직접 미국으로 날아가 S 교수가 학사 학위와 석사 학위마저도 받지 않았다는 것을 밝혔다. S 교수의 사건은 도미노 게임처럼 연쇄반응을 일으켰다. 신문과 방송들은 앞을 다퉈 사회 저명인사들의 허위 학력 사실들을 보도했다. 그러던 중 사건의 방향이 180도 선회하는 일이 발생했다. 한 일간지에서 S 교수를 정부 고위 인사가 비호했다는 의혹을 제기하면부터였다. 사건은 걷잡을 수 없이 커졌다. 결국 사건은 검찰의 손에 넘어갔고, 오래지 않아 입소문으로 떠돌던 정부 고위 인사의 S 교수 비호 의혹은 사실로 드러났다. 검찰이 S 교수의 컴퓨터 이메일을 복구하던 중 정부 고위 인사와의 연서들을 발견한 것이다.

유 기자는 휘파람을 불면서 구두를 닦았다. 그 사이 아내는 다리미로 와이셔츠를 다렸다. 유 기자는 벼린 칼날처럼 날카롭게 줄을 잡은 와이셔츠를 입고 그 위에 며칠 전 세탁한 정장을 걸쳤다. 때 빼고 광 낸 거울 속에 비친 자신의 모습을 보면서 유 기자는 흡족한 웃음을 지었다. 한국불교기자협회의 시상식이 있는 날이었다. 그날 유 기자는 '대상'을 받았다. 송년의 밤을 겸한 자리여서 행사장에는 수많은 선후배 기자들이 모였다. 여기저기서 선배 기자들이 술을 따라줬다. 유 기자는 달뜬 마음에 주는 대로 술잔을 비웠다. 불콰해진 유 기자에게 한 선배 기자가 농담처럼 말을 건넸다.

"유 기자, S씨에게 영치금이라도 넣어줘야 되는 것 아냐? 따지자면 특종을 낚게 한 은인인데. 그리고 나이도 동갑이잖아."

선배의 말에 유 기자는 잠시 아연해졌다. 사건이 일파만파 켜져서 한 일간지에서 S 교수의 누드 사진을 공개할 때도, 그녀의 어머니가 스님들로부터 사기혐의로 고소당해 직접 그녀의 어머니와 통화를 할 때도 S 교수가 자신과 동갑이라는 사실을 전혀 인지하지 못했던 것이다. 유 기자는 혼잣말을 속으로 뇌까렸다.

'72년 쥐띠. 많이 태어나서 고등학교도 대학교도 들어가기가 힘이 들었던 월남 베이비 붐 세대.'

문득 유 기자는 어릴 적 생각이 났다. 초등학교 시절 성적표를 들고 갔을 때 성적표에 '양'과 '가'가 많다고 형들이 '양가집 아들'이라고 놀렸던 게 떠올랐다. 중학교 시절 성적에 따라 매를 들던 담임선생 얼굴도 스쳐갔다. 고등학교 시절에는 연합고사에서 낙방해서 재수해서 들어온 애들이 한 반에 3~4명씩 있었다. 형이라고 부르기도 뭣하고 친구처럼 스스럼없이 지내기도 뭣했던 이들의 얼굴이 까물거렸다. 유 기자는 고등학교를 졸업하는 해 대학입시에서 떨어졌다. 그날 어머니는 구들장이 꺼져라 방바닥을 치다가 잔소리를 늘어놓았다.

"에이구, 이놈아, 네 형들 반만이라도 닮아봐라. 이 반편이 녀석아."

　대학 졸업 후 지방대 출신이어서 취업을 하느라 애를 먹었던 날들의 기억도 떠올랐다. 머릿속이 회전문처럼 뱅글뱅글 돌면서 옛 일을 더듬다보니 유 기자는 즐거웠던 마음은 간 데 없고 그 대상을 알 수 없는 적의만이 불타올랐다. 유 기자는 테이블에 놓인 술을 연거푸 따라 마셨고, 그러다 그만 술병과 함께 쓰러지고 말았다.
　이튿날 아침 정신을 차리고 보니 유 기자의 양복은 자신의 자존심처럼 잔뜩 구겨져 있었고, 구토를 했는지 군데군데 오물이 묻어 있었다.

　유 기자는 일간지를 읽다가 S 교수의 재판 결과가 나온 것을 봤다. 판사는 학력을 위조하고 미술관 공금을 빼돌린 혐의로 구속 기소된 S 교수에게 징역 1년6월을 선고했다.
　유 기자는 S 교수 사건을 취재하느라 동분서주 움직였던 일들이 떠올랐다. 고작 1년 전의 일인데, 아득히 옛일처럼 느껴졌다. 잠시 회상에 잠겨 있을 때 전화벨이 울렸다. 출판사 직원이었다.
　"저기, 저자 약력 말예요."
　출판사 직원은 거기까지 말을 하고 잠시 뜸을 들였다. 조심스러운 출판사 직원의 말투에서 유 기자는 대번 그 의중을 꿰뚫어보았다. 수화기 저편에서 숨을 고르는 사이, 유 기자가 말허리를 자르고 먼저 말을 꺼냈다.

"대학은 빼고, 대학원 이력만 넣으세요. 그게 좋겠지요?"

"예, 저도 그게 좋겠다고 생각하고 있었습니다."

전화를 끊으면서 유 기자는 혼잣말을 쭝덜였다.

"쩍, 하면 입맛 다시는 거고, 쿵, 하면 호박 떨어지는 거지, 뭘 물어보고 그래. 뭐 좋은 학교라고. 시팔, 쪽팔리게."

최용탁

1965년 충북 중원군 출생.
중앙대학교 문예창작과 중퇴.
소설집으로 『미궁의 눈』이 있고, 저서로 『계훈제 평전』이 있음.
2006년 단편 「단풍 열 끗」으로 제15회 전태일문학상을 수상함.

뭘
잃어
버렸다고?

뭘 잃어버렸다고?

　박명삼 씨가 한날당의 당원이 된 지는 벌써 십년이 넘었다. 읍내에서는 꽤나 묵은 당원에 속하지만, 본격적으로 당 활동에 뛰어든 지는 채 일 년이 되지 않았다. 사실 그동안 당원이라고 덕본 것도, 손해 본 적도 없어서 딱히 당원이라고 생각하며 산 것도 아니었다. 십 년 당원이란 것도 선거사무소의 총무가 컴퓨터를 두들겨

보고 알려주어서 안 거였다. 기억이 가물가물하지만, 1997년 대선을 앞두고 동네 사람들과 우르르 입당을 하면서 같이 쓸려들었던 것 같았다.

이렇듯 정치 따위에 관심이 있을 리 없는 박명삼 씨가, 불과 일 년도 되지 않는 사이에 C지역구 선거대책본부 부위원장 자리까지 오른 것은 순전히 투자 겸 묏자리로 사 놓은 남한강가의 산 한 뙈기 때문이었다. 날이면 날마다 뚫리느니 길이요, 깎아 밀면 골프장인 세상이니 언젠가는 목돈을 만지게 해줄지도 모른다는 기대로 두 눈 딱 감고 일억을 던져 팔천 평짜리 야산을 사놓은 것이 구 년 전이었다. 그런데 길도 아니고 골프장도 아닌 항구가 바로 산 아래 들어선다는 것이었다. 이름하여 한반도 대운하였다. 그 중에도 C읍이 중심지가 된다는 풍문이었다. 때맞추어 C읍에서 방귀깨나 뀐다는 사람들이 모여 '한반도 대운하를 지지하는 사람들'이란 모임을 만들었다. 박명삼 씨도 그들에 비해 전혀 꿇릴 게 없었고 이래저래 안면이 있는 사람들이라서 당연히 그 모임의 회원이 되었다.

생각하면 그런 모임에 들어간다는 것도 십 년 전이라면 꿈도 꾸지 못할 일이었다. 십 년 전의 박명삼 씨는 험한 천등산 아래 비탈밭을 땅강아지처럼 오르내리며 농사를 짓던 농투성이였다. 그 산의 고개를 박달재라고 하는데 노랫말의 울고 넘는 내력은 모르겠지만, 박명삼 씨의 밭이야말로 울고 싶을 만큼 비탈에다 자갈밭이요, 양옆의 산그늘에 되는 농사가 없었다. 남들 따라 복숭아도 심어보고 사과 과수원도 꾸며 보았지만 일조량이 턱없이 부족하여 남들 수확의 반도 나오지 않았다. 육천 평 과수원에 적자 나는 해가 더 많았다. 커가는 애들 데리고 도회지로 나갈 궁리도 해보았지만 배운 게 도둑질이라고 마땅히 가진 기술도 없는 데다 장사할 밑천이 없었다. 땅을 판다 해도 한 평에 잘 받아야 삼만 원이던 무렵이었다. 그 돈으로 도시에 나갔다가 자칫 곶감 빼먹듯 야금야금 부서지기라도 하면 알거지가 될 것만 같았다.

그런데 회창객이 떨어지고 삼 김씨 중의 하나가 대통령이 되어 깊은 시름에 빠져 있을 때, 박달재를 뚫는다는 소식이 들려왔다. 장장 2Km의 터널 공사에서 가장 큰 수혜자는 박명삼 씨였다. 터널 길이를 줄이기 위해 골짜기를 메우고 땅을 돋워 새 길을 내는데, 그 길에 이천여 평이 들어가는데다가 길이 완공되면 나머지 밭도 거의 길과 수평이 되어 평지밭으로 변하는 것이었다. 도로공사에서 땅과 사과나무를 합쳐 삼억 가까이 보상을 받았다. 사과나무 한 그루에서 일 년에 오만 원 어치의 사과가 나오는 것으로 계산하여 삼년 치, 그러니까 십오만 원을 쳐서 받았다. 밀식재배를 한다고 총총히 심어놓은 사과나무 덕을 톡톡히 본 것이었다. 좋은 일은 연이어 오는 법인지, 터널 입구에서 오백여 미터 떨어진 박명삼 씨의 밭은 주유소 자리로 그만이었다. 발이 닳도록 찾아오는 부동산 업자에게 나머지 밭도 오억에 넘겼다. 일약 면내의 부호로

등극한 박명삼 씨는 미련 없이 읍내로 이사를 했다. 때는 바야흐로 아이엠에프 시대였다. 읍내에 새로 지은 최고급 아파트는 분양가를 내려 평당 백오십에 목하 세일 중이었고 은행 금리는 십오 프로에서 이십 프로를 넘나들었다. 박명삼 씨는 사십 평대의 아파트를 장만하고 오억을 떼어 제일 믿을 만하다고 판단한 산업은행에 십육 프로짜리 삼년 만기 예금을 넣었다. 남한강가의 산을 산 것도 그 무렵이었다.

읍내에 나와 고등학교 시절의 친구들을 만나 보니 골프채깨나 휘두르는 치들도 꽤 있었다. 그들과 어울리며 박명삼 씨가 눈 뜬 것이 경매였다. 공인중개사 자격증을 가진 친구를 끼고 사무실까지 내어 발이 닳도록 법원을 드나들었다. 지금에 비하면 당시는 어수룩하기 짝이 없었다. 한 달에 두어 건만 걸려도 일 년 농사보다 나았다. 얼굴의 땟물은 진즉에 벗어졌고 박사장이라는 호칭도 어딘지 얕잡아 부르는 것 같아, 명함에 '대박개발 회장 박명삼'이라고 찍어 다녔다.

아파트도 몇 채 사놓고 상가도 하나 있었지만, 소도시다 보니 서울의 부동산 상승에 비할 바가 아니었다. 그래도 노대통령 정부 오 년 동안 기업도시다 뭐다 하며 꾸준히 올라준 것이 다행이었다. 그 사이에 본 첫 사위의 조언에 따라 펀드에 넣어둔 일억이 삼억으로 불어난 것도 쏠쏠하긴 했다. 하지만 이번 건은 그 간의 소소한 것들과는 비교가 되지 않는 것이었다. 대운하라니, 이미 사놓은 산도 산이지만 오죽 먹을 게 많겠는가. 박명삼 씨는 괜히 애가 닳아 읍사무소에서 내어준 '한반도 대운하를 지지하는 사람들' 사무실을 들락거리는가 하면 친구의 부동산 사무실에서 정보를 교환하며 온종일을 보내기 일쑤였다. 그러던 어느 날, '머니 투모로우'라는 신문의 기자가 C읍의 부동산 추이가 어떤지 취재를 왔다. 박명삼 씨는 전문가다운 해설과 함께 지금 모모 일대의 산은 평당 삼십만 원에도 매물이 없다는 둥의 뻥을 좀 쳐주었다. 물론 모모 일대란 박명삼 씨의 산이 있는 곳이었다. 이틀 후 신문에는 대문짝만 하게 C읍의 부동산이 천정부지로 뛴다는 기사와 함께 그 예로 박명삼 씨의 산이 소개되었다. 그 가격에 거래된 적은 한 번도 없었지만, 박명삼 씨의 말 한 마디에 전국적인 공시가가 된 것이었다. 박명삼 씨는 적이 만족스러웠다. 이후 박명삼 씨는 닥치는 대로 대운하에 대한 공부와 신문기사 등을 스크랩하여 읍내에서는 누구와 붙어도, 설사 대학교수라 할지라도 절대로 밀리지 않는 대운하 전문가가 되었다. 모임에서도 불같은 사자후를 토하여 웅변가의 기질이 숨어 있음을 만천하에 알렸다. 그것이 인연이 되어 한날당의 사무실에도 드나들기 시작하였다.

생각했던 사람이 대통령이 되자 어떤 사명감이 박명삼 씨를 누르기 시작했다. 머릿속은 온통 대운하뿐이었다. 이제는 재미가 없어져 해체한 경매 동료들을 다시 모아 팀을 만들었다. 일찍 일어나는 새가 떨어진 돈다발을 발견하는 법이라는 씨의 주장에 모두들 공감하였다. 그런데 총선이 다가오면서 대운하 공약이 빠진다는 해괴한 풍문이 들려왔다. 분기탱천한 박명삼 씨가 당으로 달려간 것은 당연했다. 중앙당이야 어떤 계산속이든 대운하의 중심인 C지역구에서는 강력하게 밀고나가야 한다는 박명삼 씨의 주장은 거의 모든 지역당원의 지지를 받았다. 박명삼 씨는 이미 적잖은 액수의 특별당비를 내고 선거대책본부의 부위원장 자리를 맡고 있었다. 흥분한 박명삼 씨가 즉석에서 제안한 'C읍은 항구다'라는 캐치프레이즈가 공식 플래카드의 문구로 선정되었다.

선거 기간 내내 박명삼 씨는 후보 연설원으로 등록하여 대운하에 대한 수호신으로서 감동적인 대중 연설을 하였다. 해박한 지식과 논리 정연한 연설은 상대당의 후보가 가장 위협을 느낀다고 소문이 날 정도로 대단했다. 'C읍을 한반도의 중심으로, 물류의 내륙항으로 발전시켜 너도 나도 잘 먹고 잘 살자'로 요약되는 그의 연설은 밤낮으로 C읍의 구석구석 울려 퍼졌다. 다 함께 잘 살아보자는데 싫다고 말할 자 그 누구이겠는가? 박명삼 씨는 때로 자신의 연설에 취해 콧날이 시큰거리곤 하는 것이었다.

선거운동이 막바지로 치닫던 어느 날이었다. 마침 장날이라 꽤 많은 청중이 몰려 있었고 후보 간의 차이가 박빙이라 총력전을 펼치는 날이었다. 그날도 대운하의 당위성과 경제적 효과 등을 목이 쉬도록 떠들고 내려와 박카스 한 병을 마시며 쉬고 있을 때였다. 사회를 보던 정책실장이 다급한 얼굴로 박명삼 씨에게 다가와,

"원래 다음 연설은 후보님이 하기로 했는데, 좀 늦어지신다네요. 계속 노래만 틀면 청중들이 흩어지니까, 힘들더라도 부위원장님이 한 번만 더 해주세요. 한 십분 만요. 아무래도 부위원장님만큼 연설을 할 사람이 없어서요. 그럼 부탁드릴게요."
하는 것이었다. 무슨 소린가 싶어 멀뚱해하는 박명삼 씨의 손을 한 번 잡았다가 정책실장은 다시 연단으로 올라갔다.

"다음은 우리 당의 최고 인기 연설원이신 박명삼 부위원장님께서 여러분에게 시간 관계상 못 다한 말씀을 한 번 더 드리겠습니다. 연설 제목은 '잃어버린 십 년' 입니다."

순간, 박명삼 씨는 머릿속이 하얗게 변하는 걸 느꼈다. 대운하 말고는 연설 준비를 한 것이 없었다. 그리고 '잃어버린 십 년' 이라니? 어디서 들어보긴 했지만, 무슨 뜻인지 새겨보지 않은 말이었다. 재빨리 머리를 굴려보았지만 지난 십 년 간 무엇을 잃어버렸는지 오리무중이었다. 어쨌든 호명을 받았으니 연단에는 올라야 했다. 이마의 식은땀을 닦으며 박명삼 씨가 마이크를 잡았다.

"지난 십 년 동안 우리가 잃은 것이 무엇입니까? 그것은 다름 아닌 대운하입니다. 여러분, 우리는 잃어버린 대운하를 다시 찾아……."

정책실장의 얼굴이 하얗게 변하는 걸 보며 박명삼 씨는 과연 훌륭한 연설은 사람의 얼굴색조차 변하게 하는가 보다 하며 더욱 목소리를 높였다.

유영갑

1958년 인천 강화에서 출생함.
1991년 『월간문학』에 단편 「싸락눈」을 발표하며 문단에 나옴.
창작집으로 『싸락눈』이 있고, 장편으로 『푸른 옷소매』『그 숲으로 간 사람들』
『달의 꽃』이 있으며, 평전으로 『성완희』, 사진산문집으로 『갈대 위에는 눈이 쌓이지 않는다』가 있음.
1994년에 대산문화재단 지원금을 받음.

은평리 이장 선거

은평리 이장 선거

"아아, 리 사무실에서 안내 말씀 드리겠습니다."

아침 일찍부터 은평리 마을 구석구석으로 안내 방송이 퍼져 나갔다. 춘삼월을 맞아 밭에서 일하고 있던 농부들이 일손을 놓고 방송을 들었다. 방송 내용은 18대 이장 선거 논의를 위해서 주민 회의가 있다는 것이었다.

안내 방송은 몇 차례 더 흘러나왔다. 현재 이장 직을 맡고 있는 사람은 이재옹이다. 그는 마을 한가운데를 지나가는 개천에다 운하를 파야 한다고 줄기차게 주장해 왔다. 따라서 주민들은 18대 이장 선거에 많은 관심을 가지고 있었다.

모나라당 소속 이재옹은 15대, 16대, 17대 선거에서 연거푸 당선된 3선 이장이다. 대한민국에서 3선 이장은 아무나 할 수 있는 것이 아니다. 전국 이장회의가 열리면 그는 고참 이장으로서 많은 활약을 보였다. 3개월 전에 있었던 군수 선거에서 이재옹이 모시는 이명방 후보가 당선되어 그의 당내 위상은 하늘을 찌를 듯이 높아져 있었다.

이재옹이 처음부터 잘 나갔던 것은 아니다. 그는 진보 정당인 모중당을 창당하고 스스로 사무총장이 되어 14대 이장 선거 때 출마했다가 낙선했다. 그랬던 그가 당시 보수 집권당인 모한국당(모나라당 전신)에 입당했고 15대 이장 선거 때 은평리에서 출마하여 보란 듯이 당선됐다.

이재옹은 수십여 년 동안 진보의 가시밭길을 걸어오며 민중운동을 해왔던 사람이다. 대학에서 제적당한 것은 물론 역대 정권에 의해 감방으로 끌려간 것만도 5번이나 됐고 사형선고를 받기도 했다. 그런 암흑의 세월을 지나면서 보수가 아니면 절대로 권력을 누릴 수 없다는 점을 깨달은 것일까. 아니면 원래부터 권력을 좇는 그런 사람이었는지도 모른다. 진보에서 보수로 몸을 바꾸는 것은 섶다리 하나 건너는 것만큼이나 간단했다. 옛날 동지들이 변절자라고 손가락질했지만 개의치 않았다. 그가 이장 노릇을 하면서 누린 권력의 맛은 세상의 그 어떠한 것보다도 짭짤하고 달콤했다. 진보를 부르짖던 그의 동료 몇 명도 모나라당으로 들어가서 면장에 임명되거나 이장을 하면서 권력의 달짝지근한 사탕을 빨아먹고 있었다.

    이장은 행정 업무 보조자로서 주민 의견을 행정기관에 전달하여 반영시키고, 리 발전을 위한 자율적 업무 처리, 주민들끼리의 화합 단결과 이행의 조정에 관한 사항, 지방세 납세 고지서 송달, 기타 주민 편의를 위해 봉사하는 것이 주 임무다. 이장에게는 한 달 수당으로 20만 원, 회의(1달에 2번)에 참석할 때마다 2만 원이 추가되어 24만 원이 지급된다. 사실 이 돈으로는 마을을 돌아다니는 기름 값도 되지 않는다. 그런데도 사람들은 기를 쓰고 이장을 하려고 한다. 명예도 명예겠지만 많은 이권이 따르기 때문이다. 이장은 마음만 먹으면 마을의 대소사를 얼마든지 자기 뜻대로 처리할 수가 있다. 그러다 보니 이권을 좇는 업자들이 굶주린 개 떼처럼 이장 주변을 맴돌았고 못된 이장은 그들을 앞세워 검은 돈을 챙겼다. 어떤 이장은 선거가 끝나는 순간 마을을 떠나 중앙에서만 놀았다. 이재웅도 그런 사람이다. 은평리에서 내리 3번 이장을 했지만 마을 일을 젖혀두고 군청을 드나들며 당내에서 계파를 형성하고 권력 다툼에 앞장섰다. 그의 숨은 꿈은 군수 선거에 한

번 출마해 보는 것이었다.

하루해가 저물고 은평리 마을에 노을이 번지기 시작했다. 들판에서 일하던 주민들이 농기구를 챙겨 집으로 돌아갔다. 그들은 저녁 식사를 마치고 어둑어둑해지자 마을회관으로 하나 둘 모여들었다. 이날 주민회의에서 이장 선거일이 확정됐다.

그런데 묘한 일이 벌어졌다. 갑자기 이재옹이 출마하지 않겠다는 것이었다. 모나라당 당내에서는 이장 후보 공천을 둘러싸고 피터지게 계파 싸움이 벌어지고 있었다. 모나라당에는 이명방 군수의 친형인 이상두가 있다. 이상두는 울산리에서 이장 선거에 출마할 예정이다. 이재옹은 18대 이장 선거가 끝나면 모나라당 헤게모니 싸움에서 이상두가 최대의 난적이라고 생각하고 있었다. 이재옹은 물귀신 작전으로 이상두에게 18대 이장 선거에 출마하지 말자고 제안했다. 그러자 이상두는 나이 많은 것이 무슨 죄냐며 눈물로 하소연하는 연기를 펼쳐 보였고, 울산리 주민의 따뜻한 동정을 얻게 되었다. 그 결과 이재옹이 원했던 동반 불출마는 실패하고 말았다. 하지만 이재옹이 출마를 꺼려했던 이유가 창조당의 문구현 후보보다 지지율이 떨어지기 때문이라는 것을 아는 사람은 다 알고 있었다. 이명방 군수의 최측근이고 당내 실세인 그가 이장 선거에서 떨어지면 그야말로 개망신을 당하는 것이었다.

며칠 뒤 마을 곳곳에 이장 선거 벽보가 붙여지고 현수막이 걸렸다. 각 당 이장 후보자들은 선거 도우미들과 함께 선거운동을 시작했다.

"주민 여러분! 운하를 파야 경제가 살아납니다. 군수께서 임기 중에 반드시 운하를 완공시키겠다고 말씀하셨습니다."

이재웅은 유세차를 타고 마을 구석구석을 돌아다녔다. 차가 갈 수 없는 마을은 자전거를 타고 들어가서 주민들과 사진 찍고 악수를 했다. 그는 운하를 파는 데 이 한 몸을 다 바치겠다며 열변을 토해냈다. 이재웅의 최대 경쟁자는 문구현 후보다. 문 후보는 마을에서 유한농장을 운영하고 있었다. 유한농장은 한번 입사하면 정년까지 가는 평생직장이었고 임금을 제때에 잘 주어서 일꾼들에게 인기가 많은 기업이다. 문구현은 생태계를 파괴한다는 이유로 운하 사업을 강하게 반대하고 있었다.

사실 은평리에서 운하는 필요하지 않다. 운하 사업은 17대 군수에 당선된 이명방이가 군수 선거 때 내세운 공약이다. 운하 사업의 최대 목적은 화물 수송이었다. 하지만 운하로 운반할 수 있는 물건은 수송 시간을 다투지 않는 석탄이나 목재 정도인데 은평리는 물론 이웃 마을에서도 그런 물건이 생산되지 않고 있었다. 그러한 이유를 들어 학자들이 '경제성 없는 사업'이라고 지적했다. 그러자 운하 사업 옹호론자들이 자연환경 개선책을 들고 나왔고, 그것이 다시 환경단체로부터 비난을 받게 되자 관광 사업을 하면 효과가 크다고 말을 바꾸었다. 말 바꾸기는 이명방이가 할 수 있는 것 중에서 가장 반짝거리는 특기였다. 하지만 운하를 이용한 관광 사업도 타당하지 않았다. 수많은 여행객들이 외국으로 나가고 있는 상황에서 무엇이 볼거리가 있다고 배 타고 캄캄한 터널 운하를 구경하겠는가.

이래저래 여론은 이재웅에게 불리하게 돌아갔다. 그렇지만 JOI(재웅사랑)를 비롯해서 지지하는 사람도 많았다. JOI는 오래 전부터 표를 관리해 온 사조직이다. 그 외에 운하 정류장이 들어설 지역에 사는 주민과 건설회사가 그를 지지했다. 그들의 조직적인 도움을 받아 이재웅은 불리했던 판세를 서서히 극복해 나갔다.

그렇지만 여론조사에서 이재웅의 지지율은 좀처럼 문구현을 뛰어넘지 못했다. 이명방 군수는 고민에 빠졌다. 이재웅이 바로 운하 사업의 행동대장이기 때문이다. 이 군수는 비록 자기 형과 동반 불출마를 시도한 이재웅이 괘씸했지만 나 몰라라 할 수가 없었다. 그래서 공직자선거법 위반이라는 것을 알면서도 전방에서 나무를 심고 돌아가는 길에 은평리의 뉴마을 건설현장을 방문하는 깜짝쇼를 펼쳤다. 그 덕에 지지율이 조금 올라간 것 같기도 했다.

하지만 민심은 천심이라고 했던가. 이장 선거 결과 이재웅은 무려 10,000표 차이로 문구현 후보에게 지고 말았다.

이재웅은 낙선자의 심정을 편지로 써서 홈페이지에다 올렸다. 편지에서 그는 지지자들에 대한 고마움을 언급하고 있었지만 앞뒤를 꿰맞추어 보면 민심을 심하게 원망하고 있었다. 자신은 조각배에 불과한데 민심은 거대한 함선인 줄 알고 침몰시켰다는 것이다. 은평리 주민들은 편지를 읽으면서 몹시 불쾌해 했다. 그저 일밖에 모르고 살아온 사람들은 여태껏 그가 큰 인물이 될 '함선'인 줄 알고 있었다. 그런데 운하 사업 운운하는 것을 보고 그가 '조각배'에 불과하다는 것을 깨달았던 것이다.

이장 감투가 없으면 당에서 아무 일도 할 수 없다. 이재웅은 야인이 되어 떠돌았다. 편지에 쓴 것처럼 낙향해서 삼베옷 입고 바람과 하늘을 벗 삼아 살고 싶었지만 권력의 단맛에 취해 있던 탓에 그러지를 못했다. 사랑도 미움도 다 버리고 싶은데 왠지 분하고 억울했으며 자존심이 상했다. 어느 날 그는 공부를 하겠다며 바다 건너로 유학을 떠났다.

"한국에서 편지가 왔네요."

하루는 그의 부인이 우편물을 가져왔다. 조국을 떠난 지 벌써 일년이 훌쩍 지나가 있었다.

"드디어 때가 왔구나."

편지를 읽고 나서 이재웅이 중얼거렸다. 이명방 군수가 사인한 편지에는 그가 면장에 임명됐다는 내용이 적혀 있었다. 이재웅의 가슴 저 밑바닥에서 권력욕의 무한한 힘이 소용돌이치기 시작했다.

은평리 주민들은 이재웅이 건설 부문을 담당하는 면장에 임명됐다는 소식을 듣고 한숨을 내쉬었다. 잠잠했던 운하 사업이 수면 위로 떠올라 한바탕 난리가 날 것이 뻔했기 때문이다.

김현영

1973년 경기 안양 출생.
명지대 문예창작과 졸업.
1997년 『문학동네』 하계 문예공모에 단편 「여자가 사랑할 때」가 당선되어 문단에 나옴.
소설집으로 『냉장고』 『까마귀가 쓴 글』이 있음.
1999년 대산문화재단 창작지원금을 받음.

기쁘다
구주
오셨네

기쁘다 구주 오셨네

크리스천은 물론이고 하나님을 불신하는 이교도들마저 다 쉬는 성탄절이라고 해서 그의 스케줄에도 여유가 있는 건 결코 아니었다. 그는 여느 때와 마찬가지로 새벽 네 시에 잠자리에서 일어났다. 그가 눈을 붙인 시간은 기껏해야 30분 남짓. 자정에 시작한 성탄 전야예배가 새벽 세 시가 다 돼서야 끝났기 때문이다. 한때는 발전 가능성이 무궁한 '중진랜드'로 불렸으나 무능한 CEO와 이사진 덕분에 지난 10년간 차곡차곡 가능성을 까먹고 이제는 경제력도 경쟁력도 모두 뒤쳐져버린 '뒤진랜드', 일주일 전 그는 '뒤진랜드'의 새로운 CEO로 선출되었다. 잃어버린 10년을 되찾고 '선진랜드'로 도약해야만 하는 무거운 십자가가 그의 어깨에 지워진 것이다.

간밤의 예배는 예수 오심을 기뻐하는 한편 그런 그를 위해 성도 100만을 거느린 세계 최고의 교회에서 마련한 자리였다. 여러 모로 뒤쳐진 '뒤진랜드'에 세계 최고의 교회가 존재한다는 사실은 하나님이 우리와 함께 계시다는 명백한 증거가 아닐 수 없었다. 하나님의 은총 없이 세계 최고가 되는 건 불가능했다. 그러므로 세계 최고가 된다는 것은 곧 하나님의 영광을 만천하에 드러내는 일. 어떻게 해서든 최고가 되어야 하리라, 사탄의 무리를 물리치고 기필코 '선진랜드'로 도약해 하나님께 모든 것을 봉헌하리라······. 알 수 없는 신열에 휩싸인 그의 내면은 예배 내내 그렇게 부르짖고 있었다. 겨우 30분 눈을 붙였을 뿐인데도 변함없는 '얼리버드'로서 하루를 시작할 수 있는 그 활력의 비밀도 어쩌면 알 수 없는 신열, 바로 그것 때문인지도 몰랐다.

새벽 4시, 그는 기도를 올렸다. 언제나처럼 하나님께서 응답을 주셨다. 그는 은총으로 충만해졌다. 조금도 피곤하지 않았다. 그는 60 평생을 '월화수목금금금', 근면 성실하게 살아냈으며 앞으로도 기꺼이 그럴 작정이었다. 4시 10분, 비서로부터 하루 스케줄을 보고 받았다. 비서의 말끝에 희미하게 잠이 묻어 있었다. 어쩜 저리도 신앙이 부족한 것일까. 그는 혀를 찼다. 4시 30분, 간단한 산책으로 운동을 대신했다. 5시, 목욕재계 후 의관을 정제했다. 5시 30분, 조찬을 겸해 인수위원들과 회의를 가졌다.

신앙심을 기준으로 선발된 인사들인지라 아무도 하품을 하지 않았다. 하품은커녕 고무적인 의견들만 쏟아져 나왔다. '아륀지' 부서를 신설하자는 의견이 특히 그랬다. 아륀지를 아륀지라 부르지 못하고 오렌지라고 할 수밖에 없었던 영욕의 세월을 능히 떨쳐내고도 남을 묘안이었다. 아륀지가 무엇이던가. 명실상부 세계 최고인, 그 이름도 눈부시기 짝이 없는 '부시네랜드'에서 오렌지를 이르는 정통 언어가 아니던가. '부시네랜드' CEO 역시 뜨거운 신앙심의 소유자였다. 그는 앞장서 '골빈사마랜드'의 이교도들을 처단하고 그들이 독차지하고 있던 검은 진주를 되찾아 하나님께 봉헌한, 진정한 하나님의 도구였다. 그의 랜드가 세계 최고가 된 것은 조금도 이상한 일이 아니었다.

지금 현재 하나님의 은총이 지극한 그곳의 언어야말로 하나님을 찬양하기에 가장 적합한 언어일 것이 분명했다. 엉거주춤 입에 물고 있던 오렌지를 버리고 혀끝으로 감미롭게 아륀지를 감아 올려 입천장에 닿지 않도록 삼켜야 하는 일은 이제 필연이 되었다. 덕분에 회의는 계속되었다. 세 시간여가 흐른 뒤 부서 창설 시기와 구체적인 사업계획, 인재양성과 선택, 배치 등에 대한 모든 세부안이 완성되었다. 인수위원들은 기도로써 회의를 마무리했다. 모든 것이 일사천리로 흘러갔는데 그 누가 이것을 인간의 힘만으로 이루었다고 주장할 수 있겠는가. 하나님의 입김이 작용한 게 분명했다. 기꺼이 찬양할 일이었다.

아침 9시, 그는 짤막한 원고를 작성했다. 그가 30년도 넘게 다닌 교회의 11시 성탄 예배에 참석해 특별 강론을 하기 위한 것이었다. 시간을 아끼느라 원고는 짧게 쓸 수밖에 없었지만 할 말은 넘쳤다. 그의 내면이 이미 하나님 말씀으로 가득 차 있었기 때문이다. 9시 40분, 그는 자신의 미니홈피와 메일함을 점검했다. '뒤진랜드'의 CEO로 선출된 데 대한 진심어린 축하와 걱정, 기대가 아직도 쇄도하고 있었다. 한편으론 제아무리 CEO라고 해도 피해갈 수 없는 스팸메일들도 있었다. '무담보당일대출', '오빠우리그때양수리에서셋이한거', '귀하의정보가유출되었습니다', 심지어는 '뒤진랜드의CEO가사원여러분께올리는글'까지. 지난 10년간 IT강국 어쩌고, 공정하고 평등한 매체가 저쩌고 하며 떠들어대더니 그것의 실체가 바로 이것이었다. 영혼의 귀천을 따지지 않는 무차별적 스팸의 공격이야말로 '뒤진랜드'가 '뒤진랜드'일 수밖에 없는 적나라한 증거였다. 10시 10분, 그는 자택을 나섰다. 이 잔을 내게서 거두어달라고 말하고 싶은 걸 꾹 참은 채.

리무진 안에서 그는 강론 내용을 점검하는 틈틈이 차창을 내리지 않은 채 차창 밖 세상을 바라보았다. 높이 솟은 빌딩들은 '전근대랜드' CEO 시절의 향수를 불러일으켰다. 자고 일어나면 랜드마크 하나씩 지어놓던 젊디젊은 시절이었다. '수도랜드' CEO로 재직하면서 수돗물을 끌어 모아 도심 한복판에 복원한 개천도 여전히 장관이었다. 복원 전 그 근처에서 꿈도 열의도 없이 소극적 밥벌이에만 연연하던 노점상들은 천지개벽을 눈앞에서 목도한 후 종잣돈과도 같은 진취적인 기상을 한보따리씩 싸들고 자신의 인생을 개척하기 위해 떠났다고 했다. 사람들은 말한다. 이 모든 업적이 쌓이고 쌓여 그가 마침내 위기에 처한 '뒤진랜드'의 CEO로 선출된 것이라고. 잃어버린 성공의 꿈을 이뤄줄 사람은 오직 그, 뿐이라고. 하지만 그의 생각은 달랐다. 업적을 이룬 것은 그가 아니라 그의 하나님이었다. 이 모든 것은 보이지 않게 드려진 무릎기도를 받으신 하나님께서 이루신 일이었다. 그게 다였다. 때문에 심심찮게 교회 첨탑을 발견할 때마다 하나님의 옷자락이라도 본 듯 마음이 충만해졌다.

그러나 마침내 목적지 교회에 이르렀을 때 그는 인상을 쓰지 않을 수 없었다. '뒤진랜드'의 조카뻘이랄 수 있는 '정규랜드'를 규탄하는 기습적인 시위가 바로 교회 앞에서 벌어진 것이었다. 기습적이었으므로 당연히 불법이었다. 그는 즉각 불법에 불복하는 모든 합법을 가동했다. 기도하는 집이어야 할 성전을 강도의 소굴로 만들어버린 상인들을 성전에서 쫓아내신 주님이 그러셨듯이.

독실한 성도의 기업으로 알려진 '정규랜드'를 모함하고 모욕하는 무리들은 모두 비정규들이었다. 정규도 아니면서 정규 대우를 요구하는 철면피들이었다. 지난여름부터 계속된 시위니 벌써 세 계절째 놀고먹는 게 분명한 게으름뱅이들이었다. 한 마디로, 스팸메일 같은 존재들이었다. 구세주께서 빛의 속도로 강림하실 수 있도록 성전을 정화하기 시작한 전경들을 뒤로한 채 그는 자신의 30년 신앙의 결정체인 교회 안으로 들어갔다. 그 와중에도 그는 크나큰 고통을 겪고 있을 '정규랜드' 대표에게 '프렌들리'한 전화라도 한 통 넣어야겠다는 생각을 잊지 않았다.

교회에 운집한 30만 성도들은 「기쁘다 구주 오셨네」를 합창하며 그를 맞이했다. 그 순간 그의 뇌리에 잠시 후 있을 특별 강론을 위한 첫 번째 문장이 떠올랐다. 잔을 거두어 주시면 좋겠지만 내 뜻대로 말고 당신 뜻대로 하소서.

크리스천은 물론이고 이교도들마저 다 쉬는 성탄절이라고 해서 그분의 스케줄에도 여유가 있는 건 결코 아니었다. 그분에겐 오히려 더 바쁜 날이었다. 화이트크리스마스를 꿈꾸는 초보 연인부터 시작해 이제 더 이상의 이벤트를 생각 못하겠으니 차라리 그날 출장이라도 가게 해 달라는 오래된 연인, 청년실업을 비롯해 도박, 음주, 카드빚, 비만, 소심함, 분노, 복수심, 착한여자 콤플렉스, 외로움 등 자신만의 감옥에서 해방시켜 달라는 자에 이르기까지 오만 가지 소망이 그분의 메일함을 꽉 채우기 때문이었다. 당연히 스팸메일도 있었다. 말로는 당신 뜻대로 하라면서 당신은 결코 원치 않았던 일만 해댄 것으로도 부족했는지 툭하면 당신의 영광을 보여 달라고 조르는 자가 대표적이었다. 그래도 그 자는 소박한 축에 속했다. 그 소망의 용량이 언제나 2MB를 넘지 않았기 때문이다. 소망이란 이름 뒤에 추악한 욕망을 감춘 채 그 욕망을 위해 닥치는 대로 '조지고 부시는' 파렴치도 존재하는 마당에야. 관대한 그분은 스팸메일 앞에서조차 어떻게든 장점을 발견하려고 애썼다. 물론 답신까지 주고픈 마음은 전혀 없지만 말이다.

성탄절 아침, 스팸메일로 분류되지 않은 진정한 소망들에 대한 그분의 답신 하나가 교회 앞에서 매를 맞고 있다. 더 이상 갈 곳도 없어 그곳에서 매를 맞고 있지만 가야 할 곳이 어디인지를 분명히 알고 있는, 그분의 아들이시다. 조금만 덜 바빠져서 최소한 생일 아침만큼은 함께 밥을 먹고 싶은, 그날만큼은 피 흘리지 말았으면 하는, 아들이시다.

1959년 강원도 정선 출생.
동국대 문화예술대학원 문예창작학과 졸업.
2003년 단편 「당신의 장미」가 『동서문학』 신인상에 당선되어 문단에 나옴.
작품집으로 『알래스카에는 눈이 내리지 않는다』가 있음.
현재 한국작가회의 회원, 한국소설가협회 회원, 인천작가회의 사무차장으로 활동하고 있음.

미국놈
만세다

미국놈 만세다

이 기자는 퇴근 후 직장 동료들과 모처럼 술잔을 기울인다. 화제는 단연 수입 쇠고기에 관한 내용이다. 한 잔씩 거나해지자 한 마디씩 한다.

"국민을 위한, 국민에 의한, 국민을 위한 정부가 국민 건강을 위해 값싸고 질 좋은 육우를 수입하겠다는데 다들 말이 많아."

"아, 역대 어느 정권이 국민들 먹거리에 이토록 친절한 것 봤어?"

"청와대 식당 메뉴에 일 년 내내 꼬리꼼탕 올리겠다잖아."

"결국 서민들이 수입육을 먹을 수밖에 없는데, 서민 경제를 위한다는 정부가 서민 건강을 위협하는 셈이네."

"한우는 소수 가진 자를 위해 더욱 비싸질 수밖에 없고, 한우 육성단지가 조성되면 결국 기업이 그 분야에 적극적으로 진출할 판이니, 니미, 대한민국 잘 돌아간다."

"그런 의미에서 건배."

동료들은 모이면 그 이야기였다. 이 기자는 자신이 어디에 속한 계층인지 분간이 서지 않았다. 지방지 기자로서 처음 입사했을 때만 해도 패기와 넘치는 열정이 있었다. 그러나 박봉에 지방지 기자라는 핸디캡이 그 열정을 자꾸 식어가게 만들었다. 잔뜩 취해서 집에 들어서자 아내의 잔소리가 날아온다.

"술하고 웬수졌어?, 허구헌 날 취해서 들어오니 아이가 보고 배우는 게 그거밖에 없겠어."

아내는 대학 때 만났다. 군대에서 제대하고 3학년으로 복학하자 1학년으로 들어온 새내기 후배가 있었다. 오빠, 오빠, 따르는 게 귀여워서 밥을 자주 사주었고, 가까워져서 결혼했다. 아이들 방으로 들어가니 큰아이는 동화책을 읽다가 잠들었는지 베개 옆에 『욕심쟁이 거인』이라는 책이 있고 작은아이 머리맡에는 장난감 총이 놓여 있다. 큰아이는 초등학교 4학년, 작은 아이는 올해 일곱 살이다. 둘 다 남자애들이라 아내는 늘 힘들어한다. 두 녀석 머리를 쓰다듬어 주고 거실로 나오니 아내는 방에 들어가 불을 끄고 누워 있다. 더 이상 잔소리를 안 하는 게 다행이다 싶다. 화장실에서 세수를 하는데 구역질이 난다. 쇠고기 버섯 샤브샤브를 먹었는데 국물에 조미료가 너무 많이 들어간 것 같다 했더니 뒤끝이 좋지 않다. 밤새 끙끙대며 속이 아파 웅크려 잤더니 허리가 쑤시고 아파온다.

"피융, 피융."

속이 쓰려서 눈을 뜨니 아내는 안 보이고 작은아들 녀석이 얼굴에 총을 들이대고 쏘는 시늉을 한다.

"엄마는?"

"미장원에 간댔어."

"어, 그래, 밥 먹었니?"

"아빠가 집에 있어서 신난다."

작은아들 녀석은 카우보이모자를 쓰고 장난감 총을 갖고 제 형에게 들이댄다. 큰아이가 벌떡 일어나더니 물총을 들어 동생에게 쏘아댄다. 작은아이는 엉겁결에 당하고 나서 소리 내어 울더니 아빠에게 달려와 형과 아빠를 번갈아 쳐다본다. 요컨대 혼내주라는 뜻이다. 아마도 아내가 그런 식으로 작은 아이 편을 들어준 게 분명해 보인다. 이 기자는 큰아이에게 아무런 말을 못한다. 집안은 엉망이 되어버렸는데 치울 엄두도 못 내고 쓰린 속을 움켜잡고 있다. 눈치 하나는 알아주는 작은아이가 형에게 다가가더니 말을 건다.

"엉아, 우리 인디언 놀이 하까."
"그래, 난 미국놈."
"싫어, 내가 미국놈 할래."
"싫음 관두고."

큰아이 말에 작은 아이는 시무룩해하더니 혼자 총을 갖고 논다. 이 기자는 호기심이 일어나 큰아이에게 물어본다.

"왜 미국놈 서로 하겠다는 거니."
"힘이 세니까요."
"그럼 인디언은 힘이 약한 거구?"
"인디언은 힘이 약해서 미국한테 당하고도 도움을 받으며 살 잖아요."
"어디서 들었니?"
"책에서 읽었어요."

이 기자는 아내가 자식 독서 교육 하나는 똑 부러지게 시키는 것 같아 내심 흐뭇하다. 이 기자는 어릴 적 카우보이모자를 쓰고 동네 골목에서 놀곤 했다. 골목에서 해가 지도록 놀다가 집에 들어가면 저녁 먹기가 바쁘게 곯아떨어졌고 초원 위에서 한가롭게 노니는 동물들이 꿈속에 나타났다. 나중에야 상상 속에서 풀을 뜯던 동물이 실제로 미국 역사상 비극적으로 사라져간 버펄로라는 것을 알았다. 미국인의 북미 대륙 이주 후, 서부 개척사는 풍부한 목초지에서 평화롭게 살아가던 버펄로에 대한 끔찍한 학살의 역사이기 때문이다. 1만 5천년 동안 평원을 무대로 살아남은 버펄로는 단 1세기가 못 되어 겨우 종족을 유지하며 보호받는 동물로 살아남았으니 그들의 운명은 인디언의 역사와 함께 한 셈이다.

다시 아랫배가 살살 아파온다. 이 기자가 화장실로 들어간 사이 아내가 돌아온 기척이 난 다. 아내는 잔뜩 골이 나 있다.

"어휴, 내가 제 명에 못 살아."

"우리 외식 할까. 영양 보충 좀 하자."

화장실에서 나온 이 기자는 아내가 성이 났건 말건 모른 체하고 겉옷을 챙겨 입는다.

"아빠, 돼지 갈비."

"나는 스테이크."

"싫어, 돼지 갈비가 좋아."

"멍청이, 소가 더 비싸단 말야."

"아니야, 돼지 갈비가 더 비싸."

"쇠고기가 더 비싸."

작은아이와 큰아들 녀석이 티격태격한다. 이 기자는 그런 두 아들을 흐뭇한 표정으로 바라본다. 돼지 갈비든, 쇠갈비든 오늘만큼은 먹고 싶은 것 실컷 사주고 싶다. 바쁘게 살다보니 아이들과 놀아주기는커녕 결혼기념일도 제대로 못 챙겼다.

"아빠, 돼지 갈비가 더 비싸지?"

작은아이가 이 기자 옷소매를 붙잡으며 동의를 구한다.

"소가 더 비싸지."

"소는 뭘 먹고 살아?"

"바보야, 소는 풀 먹고 사는 것도 몰라?"

작은아이 질문에 큰아이 입에서 대답이 툭 튀어나온다. 이 기자 앞에서 큰아이는 뻐기는 듯한 태도로 동생을 골려준다. 언제나 작은아이 편을 드는 아내 때문에 기죽어 지내다가 오랜만에 기를 펴는 큰아이가 안쓰럽다. 작은아이가 입을 비죽 내밀더니 금세 시무룩한 표정으로 이 기자를 쳐다본다.

"그래, 소는 풀을 먹고 살지."

이 기자는 그렇게 대답을 하고는 가슴이 답답해져 온다. 세상이 온통 뒤죽박죽이 되어 돌아가는 것 같다. 소는 풀을 먹고, 사람은 풀 먹은 소를 먹고 그렇게 살아야 하지 않을까. 그런데 이제는 쇠고기를 먹는 문제가 생명과 직결되어 있다. 수입산 쇠고기 문제로 나라가 어수선한데 강대국의 논리는 오직 경제 논리뿐이다. 전쟁보다 더 무서운 게 자본주의의 탐욕이라는 것을 이 기자는 잘 알지만 어린 두 아들에게 어떻게 설명해야 할지 난감하다.

"거봐, 내 말이 맞지?"

오랜만에 제 편을 들어주는 이 기자 앞에서 큰아이는 한껏 우쭐댄다.

"한우 잘하는 집에 가서 등심 먹자."

이 기자는 아내를 돌아보며 말하고는 한쪽 눈을 감았다 뜬다. 작은아이가 눈치 빠르게 이 기자 옷소매를 붙잡는다. 아내는 마지못한 듯 따라 나온다. 가까이에서 장구와 꽹과리 소리가 들려온다. 큰길에 나가보니 경찰이 교통정리를 하는 가운데 머리에 띠를 두른 학생들이 가두시위를 벌이고 있다. 현수막이 너덜거리고 걸개그림에는 성난 황소가 콧김을 뿜어내는 장면이 나온다.

— 광우병이 웬 말이냐, 국민건강 무너진다

— 한우 농가 다 죽으면 식량자주 무너진다

현수막에 쓰인 글귀가 선명하다. 이 기자는 갑자기 휴대폰을 꺼내들더니 어딘가 통화를 한다.

"일 터졌어, 김 기자, 카메라 갖고 나와."

"접수했어, 지금 가고 있는 중이야."

이 기자는 아내에게 미안하다는 말을 하고는 행렬을 따라간다. 그때 성조기를 본 작은아이가 손뼉을 치며 소리친다.

"미국놈 만세."

아내가 급하게 작은 아이 입을 틀어막는 것을 뒤돌아보며 이 기자는 속으로 중얼거린다.

'그래 미국놈 만세다.'

1954년 전북 고창 출생.
1984년 《동아일보》 신춘문예에 시나리오 「황홀한 귀향」이 당선되어 문단에 나옴.
장편소설로 『브론토자우르스』, 『김구의 나라』, 『어른들은 청어를 굽는다』 등이 있고,
『21세기문학』에 대하소설 「고요한 메콩강의 날들」을 연재 중임. TV 드라마 「수사반장」
「우리동네」 「산」 등 500여 편 발표함. 희곡 작품 「마담 민여옥」 「시민 조갑출」
「여자는 무엇으로 사는가」 등 다수 공연함.
현재 (주)양산박영화 대표, (주)양산박 프로덕션 대표, 극단 양산박퍼포먼스 대표,
초록뱀SA 교수로 재직 중임.

세상에서
펄벅과 박경리님을
가장 사랑하는
어느 귀부인의
경우

세상에서 펄벅과 박경리님을 가장 사랑하는 어느 귀부인의 경우

저는 우리 주인마님을 세상에서 제일 존경합니다. 우아한 외모, 세련된 교양, 그리고 꿀릴 것 하나 없는 사회적 지위와 부를 모두 가지고 계시거든요. 그러나 제가 그런 이유 때문만으로 우리 주인마님을 세상에서 제일 존경하는 건 아닙니다. 사실 그런 것들로만 따진다면야 우리 주인마님 말고도 다른 분들도 얼마든지 많이 계십니다. 우선 우리 주인마님의 친구분들부터가 죄다 그러시거든요.

유유상종이라고 우리 주인마님께서는 자신과 어울릴 만한 수준의 친구분들만을 곁에 두고 계십니다. 어쩌다 저희 집에서 모임이 있어 파티를 하시는걸 보면 정말 환상입니다. 그 화려한 의상, 값비싸게 번쩍거리는 다이아 반지와 흑요석 목걸이, 게다가 대통령이나 장관, 국회의원 등 고관대작 분들의 이름을 애완견 부르듯 불러 젖히는 걸 보면 여기가 강남인지 청와대 안인지 헷갈릴 때가 많습니다. 정말이지 노아무개 정권 시절과는 하늘과 땅 만큼이나 수준차가 난다니까요.

그렇다면 제가 우리 마님을 세상에서 제일 존경하는 진짜 이유는 뭘까요? 우리 마님께서는 정말이지 저를 세상의 어떤 것보다도 애지중지하고 사랑하시거등요. 그러니 저도 마땅히 우리 주인마님을 사랑하고 존경할 밖에요. 받는 것만큼 주어라. 기브앤 테이크. 사실 세상의 이치가 그런 거 아니던가요?

우리 주인마님께서는 저를 거실에서 제일 우아하고 화려한 장식장 안에 모셔두고 매일 같이 저를 갈고 닦아주시며 이렇게 말씀하신답니다.

"애야, 난 세상에서 널 제일 사랑한단다. 그러니 너도 날 세상에서 제일 사랑해줘. 내가 세상에서 마지막까지 진실로 믿는 건 너야. 내 맘 알겠지?"

아, 이렇게까지 말씀을 하시는 데야 제가 무슨 재주로 우리 마님을 세상에서 제일 사랑하지 않을 수 있겠어요? 아아, 저는 우리 마님의 그런 고백을 들을 때마다 전율을 느끼며 이렇게 각오를 다짐하곤 한답니다.

'걱정 마세요, 마님. 저는 죽어도 마님과 같이 죽고 살아도 마님과 같이 살 거예요.'

제가 그렇게 화답을 하면 마님께서는 저를 쓰다듬어주시며 이렇게 밀어를 속삭이신답니다.

"그래, 우리 검은 머리 파뿌리 될 때까지 헤어지지 말자. 사랑해."

저 역시 주인마님의 고백을 들으며 몸을 부르르 떤답니다. 안 그러겠어요? 저는 사실 일개 책에 불과할 따름인데 어디서 이런 귀염을 받겠냐구요.

그런데……그런데 사실 걸리는 게 딱 한 가지가 있긴 해요. 주인마님은 저를 세상에서 제일 아끼고 사랑하시면서도 바로 저년, 저 못된 것을 역시 꼭 저만큼 사랑하시거든요. 아이, 속상하고 열통 터져. 난 사실 저년 때문에 질투가 불타올라 괴롭답니다.

아, 주인마님은 왜 나만 사랑해주시지 않고 저 못된 것까지 사랑하시는 걸까? 왜 나만으로는 만족을 못 하시는 걸까? 내가 대체 뭐가 부족해서 저것까지 이 우아한 장식장에 들어와 자리를 차지해야만 하는 것일까? 이런 생각을 하기 시작하면 저는 마치 인현

왕후를 못 잡아먹어서 눈이 뒤집히는 장희빈 꼴이 된답니다. 아, 신경질 나!

게다가 난 혼자인데 저것은 아주 떼거지로 주인마님한테 아양을 부리고 잘난 체하며 온갖 술책을 다 부린답니다. 그러니 쪽수에서 밀리는 제가 어떻게 하겠어요? 저것은 일명 대하소설이고 난 그저 장편소설일 뿐인데. 저 못된 것은 대하도 그냥 대하가 아니라 수십 권짜리 데다가 어찌된 셈인지 고교생용도 있고 어린이용도 있고 심지어는 TV 드라마로 변신술을 써서 안방을 점령하기도 한답니다. 하여튼 속에 능구렁이가 아주 똬리를 틀고 들어앉은 년이라니깐요. 아휴, 신경질 나!

그것뿐이야? 저년을 낳아준 작가는 뭐 한국인이 가장 존경하는 분일 뿐만 아니라 무슨 문학관 같은 것도 지어서 후학들한테까지 점수를 와장창 따고 있는 판이니. 에혀~ 우리 엄마는 대체 어디서 뭘 하고 계실까? 당신의 딸이 여기서 이렇게 열 받고 있는데.

딱 한 가지 제가 온갖 폼을 와장창 잡을 때가 있긴 있답니다. 제가 그런 것까지도 없었다면 지금 오늘 이 시간까지 저 못된 것한테 안 잡혀먹고 남아 있었겠어요? 그게 뭐였더냐 하면, 바로 노벨문학상이란 거거등요. 호홋, 전 말씀이지요, 이미 오래 전에 그걸 탔답니다. 그런 저에 비하면 저 못된 것이 제 아무리 쪽수로 들이댄다 할지라도 못 미칠 수밖에요. 흥. 노벨상 아무나 타니? 넌 벌써 애당초 틀렸어. 노벨상을 타려면 나같이 미국에서 태어나야 돼. 최소한 호적이 유럽 정도는 돼야 명함을 내민다구. 알아? 까불고 있어. 우핫하! 신난다!

뭐? 너도 실력으로만 따진다면 애저녁에 노벨상을 타고도 남았다고? 헤에, 애가 아직 뭘 모르네. 넌 그래서 내 상대가 안 된다는 거야. 얘, 실력이 뭐 밥 먹여주니? 또 니 주제에 밥을 먹으면 뭐 어쩔 건데? 사람이 밥만 먹고 사니? 주인마님께서 늘 입에 달고 사시는 말씀을 아직도 이해를 못해? 그렇게 개념이 안 돼? 마님께서 야심한 시각에 아고고, 콧소리를 내시면서 고백하시는 말씀도 못 들었어? 아효오, 난 밥 안 먹어도 배불러. 당신하고 쟤들만 있으면 만고 땡이야(여기서 쟤들이란 저하고 저 못된 것을 가리킨답니다. 아유, 주인마님은 왜 꼭 저년을 끼워 넣을까? 짜증나, 진짜).

말하다보니 저것이 내 동급이긴 동급인가보네요.

흐유우, 할 수 없어. 현실을 인정하는 수밖에. 노벨상을 못 타긴 했어도 하여간 저년도 보통내긴 아니야. 나하고 이름도 똑같이 두자고 내용도 뭐 주인마님 말씀에 의하면 거기서 거기라니깐.

예? 우리들 이름이 뭐냐구요? 똑같이 두 자인데 무슨 두 자냐구요? 김두자냐 이두자냐, 어떤 거냐구요? 엄머나, 우리 오빠 교양 참 많이 까칠하시다. 그렇게 말씀하시면 우리 주인마님한테 혼쭐나시지.

아직도 감이 안 오서? 개념이 안 서? 에휴, 그래. 내 주민쯩 까드릴께. 어디 웬만큼 무식하셔야지 원.

그래요. 제 이름은 '대지' 구요, 쪽수로 들이대는 저 못된 것들은 '토지' 랍니다. 대지도 두 자, 토지도 두 자. 이러니 얼핏 들으면 저것하고 제가 자맨 줄 안다니까요. 아니, 아는 게 아니라 주인마님은 아예 한통속으로 치세요.

"야, 야, 시끄러워. 너희들 고만 좀 싸워라. 동네가 시끄러서 못 살겠네 원. 대지나 토지나 돈 되는 건 다 마찬가지지 그걸 가지고 싸움질이니? 얘들이 진짜."

주인마님은 그렇게 달래시면서 저것하고 저한테 다시 한번 사랑을 고백하신답니다.

"얘들아, 난 너희들 없으면 못살아. 내 맘 알지? 아효, 이 귀여운 것들. 내가 나중에 아닌 밤중에 벼락 맞는 식으로 한자리하게 되면 그건 다 늬들 공이다. 늬들 빼면 뭐 사실 나한테 남는 게 있겠니? 우리끼리 하는 얘기지만 말야. 에혀~ 후여어~ 저리들 못 가? 어디서 남에 말을 도청하려고 해? 니들 간첩이지? 빨갱이들 저리 못가? 야! 니덜 시대는 갔어! 지금은 우향 우! 한지도 한참 됐다구! 어디서 우중충하게 올드패션은 해가지구선 도청질이야? 이 몸이 쫌만 있으면 감투 하나 제대로 얻어 쓸 판인데. 엇흠! 호홋…… 신난다. 쿵따리 샤바라다. 호홋!"

주인마님께서 이렇게 날이면 날마다 염불을 외시더니 그 공덕으로 드디어 한 감투를 하시게 되었으니……오늘 이 자리, 이 청문회만 끝나면 장관 감투를 떡하니 쓰게 되었더란 얘깁니다.

사실 내 주인마님이래서가 아니라 우리 쥔아줌마는 감투를 쓸 자격이 어느 누구보담도 충분하신 분입니다. 제가 보증 섭니다, 진짜. 사실이 그렇잖습니까? 감투를 쓸려면 무엇보담도 머리가 단단해야 견딜 거 아니겠어요? 그런 점이라면야 우리 주인마님을 따라갈 분이 없다, 이런 말씀입니다, 제 말씀은.

한번은 길을 가다가 고층 빌딩에서 커다란 화분이 떨어졌는데도 우리 주인마님은 그걸 헤딩으로 간단히 아작 냈다는 거 아닙니까? 주인마님은 화분이 고층빌딩에서 떨어져 정확하게 당신의 머리통을 내리치셨는데도 무슨 영문인지 모르고 이렇게 말씀을 하셨어요.

"아니, 어떤 참새 새끼가 내 머리 위에 똥을 갈기고 토껴? 아휴, 재수가 없을라니까. 추접하고 쪽팔리게."

이 말씀은 지금도 인터넷에 떠돌고 다니니깐 한번 찾아보세요. 제 말이 맞는지 안 맞는지.

이제 오늘의 하이라이트 시간이 도래했군요. 아까부터 다른 의원들과는 달리 우리 주인마님을 향해 추파를 던지고 계셨던 분이 질문을 하십니다. 사실은 짜고 치는 고스톱이거등요. 저 의원분은 우리 주인마님의 교양과 지성미를 드러내도록 하기 위해 이런 질문을 하십니다. 뭐 한통속이니깐 이해하세요. 세상 살아가는 이치가 다 그런 거 아니겠어요?

―장관 내정자님, 내정자님께서 가장 감명 깊게 읽은 책은 뭘

가요?

한통속 의원님이 이렇게 묻자 우리 주인마님이 대답하십니다.

─예. 펄벅의 『대지』하고 박경리의 『토지』입니다.

그러자 한통속 의원님이 감동을 받은 얼굴로 이렇게 재차 질문을 하십니다.

─하아, 정말 지성과 교양이 넘치시는군요. 그래, 그 책들의 어느 부분이 가장 감명 깊었나요?

그러자 우리 주인마님께서 기다렸다는 듯이 만면에 미소를 띠며 대답하셨습니다.

─저는 자연의 일부인 땅을 너무도 사랑해요. 대지와 토지는 땅 아니겠어요? 펄벅과 박경리님은 제가 세상에서 제일 사랑하는 분들이십니다. 부동산을 예술의 경지로 승화시킨 분들이시잖아요? 이분들은 아마도 저보담두 훨씬 많은 부동산을 가지고 계실 거예요. 근데 이분들한테는 상도 주고 존경도 하면서 왜 나만 가지고들 그러시는지 알다가도 모르겠군요. 그래서 저도 이번 기회에 책을 한 권 낼까 합니다. 제목도 정해뒀어요. 궁금하세요? 그래요. 그렇게 관심이 지대하시니깐 지금 공개해드리죠, 뭐. 엇흠, 케액 켁(목청 가다듬고)……제목은, 바로……『택지』입니다. 『대지』와 『토지』를 이은 부동산 3부작! 부동산의 결정판! 『택지』! 아낌없는 박수 부탁해요.

그러자 '우당탕……! 허걱걱……! 꽈당탕……!'

하는 소리들이 울려나왔습니다. 모두들 놀라고 경악해서 뒤로 나자빠지는 소리였죠.

참 내. 이상들 하시네. 주인마님의 당연하신 말씀을 가지고 왜들 이러서? 감동받으셨나? 꽤 오바들 하시네.

일나요, 일어나! 정신들 차리셔! 하여간 부동산이라면 안자빠지는 위인들이 없으니……일어낫! 정신차렷! 얼차!

정용국

1958년 경기 양주 출생.
국립 철도고, 서울예대 문창과, 경기대 국문과 졸업.
2001년 계간 『시조세계』에 시조 「금강계(金剛界), 또는 무무명(無無明) 외 9편이 당선되어 신인상을 수상하면서 문단에 나옴.
시집으로 『내 마음 속 게릴라』, 『명왕성은 있다』가 있으며,
기행문집으로 『평양에서 길을 찾다』가 있음.
이호우문학상 신인상을 수상함.
현재 한국문학평화포럼 사무차장으로 일하고 있음.

여민락(與民樂)

여민락(與民樂)

오전 보고를 마치고 부속실로 돌아온 황 승지는 눈꺼풀이 저절로 내려오는 것을 억지로 참으며 비서에게 커피를 주문하고 의자에 앉았다. 책상 위에는 대여섯 종류의 조간신문이 가지런히 놓여 있었지만 손도 대지 않고 그는 쿠션 좋은 의자를 빙 돌려 창밖을 내려다보았다. 막 새순이 돋아 파랗게 변한 잔디는 물론이고 형형색색의 온갖 꽃들이 피기 시작한 청와대 경내는 세속의 복잡한 일들과는 아랑곳없이 별천지를 연출하고 있었다.

이 자리가 얼마나 많은 고난과 역경을 뚫고 얻어낸 자리인가. BBK와 위장전입 등 그의 속을 새카맣게 태웠던 수많은 사건과 과정들이 주마등처럼 스치고 지나갔다. 슬며시 그의 입가에 웃음이 감돌았다. 어젯밤 감칠맛 나게 감겨 오던 고 어린 것을 생각하니 다시 오금이 저려오며 아랫도리가 뻑적지근해오는 것이 아닌가. 참으로 오랜만에 국정조차 잊고 즐거운 밤을 보낸 것 같아서 내심 기분이 흐뭇했다. 더구나 예전과는 격이 다르게 자신을 예우해 주던 친구들의 태도에도 더없이 만족하였지만 그저 '그래, 그래 알았다니까' 하며 친구들의 말을 가볍게 받아주기만 하여도 껴뻑 죽어주는 그들의 모습을 보는 것도 색다른 감흥이었다.

어제는 업무에 지친 황 승지를 위하여 청와대 입성 이후 처음으로 친구들이 마련해준 술자리였다. 그것도 몇 번의 일정을 바꾸고 미루고 취소하다가 어렵사리 미국 외교 일정을 마무리하고 나서야 이루어진 자리여서 기쁨은 더욱 컸다. S교회 장로와 K대 동기, 그리고 Y고을 친구들로 이루어진 SKY클럽 회원들이야말로 이번 대선과 총선을 통해 그에게 가장 힘을 실어주며 도움이 되었던 친구들이 아니었던가.

최고봉 호텔의 다이아몬드룸에서 비밀리에 열렸던 어제 모임은 SKY클럽 회원들 중에서도 가장 핵심 인사인 다섯 명만이 참가

했다. 그리고 소문을 경계하여 한 곳에서 풀코스 식사와 여흥 그리고 애프터까지 마무리할 수 있도록 이 호텔의 왕 회장이 준비한 것이었으니 메뉴와 여급의 수준도 최고급이었다. 평소 황희 정승을 존경한 그에게 황 승지라는 별명을 붙여준 것도 그들이었다. 첫 건배를 제의한 왕 회장의 건배사도 부디 황희와 같은 명재상이 되라는 뜻에서 '황 승지를 위하여!' 였다.

그리고 이어진 식사는 물론이고 여급들과의 유흥에서도 모든 것이 황 승지의 취향과 분위기를 돋우는 데 초점이 맞춰져 있었다. 그러다 보니 당연히 많은 대화 가운데서도 히트를 친 것은 대통령이 미국에서 '더 코리아 소사이어티The Korea Society'가 주최한 모임에 나가 연설했던 영어 연설에 관한 것이었다. 이번에 이 영어 연설문을 황 승지가 직접 작성했다는 것이 세간에 널리 알려진 일이기 때문이었다.

더구나 인수위원장을 지낸 K씨가 '어륀지' 사건을 일으키며 영어 몰입교육이 광풍처럼 강남뿐만 아니라 시골구석까지 몰아친 후라서 대통령의 영어 연설은 대박이 나지 않을 수 없었다. 연설문 중에서도 가장 인기를 끌었던 대목은 바로 "아우어 석세스 이즈 유어 석세스Our succes is your succes!" 였다. SKY클럽 회원들은 칭찬이 자자했지만 기실 황 승지에게는 대통령이 영어 연설문 원고를 읽었던 시간이 가장 곤혹스런 시간이었다. 후보 시절부터 시쳇말로 '비디오도 오디오도 안 된다'는 후보의 외모와 음성 때문에 얼마나 많은 고생을 하였던지 그에게는 죽을 맛이었기 때문이다. 더구나 그 쇳소리와 경상도 억양이 그대로 드러났던 미국 만찬장에서의 연설 시간에 그는 아찔함을 감추느라 똥끝이 타는 듯했기 때문이었다.

그럼에도 친구들은 이 대목이 문화방송 최야락의 '잼있는 라디오' 에서 배치수의 성대모사로까지 나온 것을 보면 틀림없는 대박이라며 박장대소를 하였다.

이어진 덕담에서는 야당에 대한 핀잔과 질책으로 가득했다. 박통이 경부고속도로를 건설한다고 했을 때도 DJ가 필사 반대를 했고 청계천 복구공사를 한다 했을 때도 다 반대했는데 대성공을 거둔 것 아니냐, 쇠고기 수입 타결도 사실 노현 정부가 하고 싶어 했는데 못하다가 우리가 해내니까 지랄을 떠는 것이다, 한반도 대운하가 창출할 형이상학적 경제이익은 안중에도 없고 환경만 앞세우며 불교계와 데모꾼들이 모여 순례단을 꾸려서 국민을 선동하고 있다, 노현이 언감생심 캠프 데이비드에서 잘 생각이나 했겠느냐, 그리고 부시가 아무나 거기에 데리고 가기나 하겠느냐, 이제 떼법은 정리하고 이성적인 합법이 지배하는 사회가 정립되어야 한다는 등의 아주 건설적이고 국민을 섬기는 이야기로 향기로웠고 라일락 향이 어우러진 4월 밤의 애프터는 더더욱 황홀하였다.

커피가 들어오자 황 승지는 아쉬운 미소를 남긴 채 의자를 돌렸다. 그의 취향을 어떻게 알아챘는지 여비서는 늘 그의 입맛에 딱 맞는 헤이즐넛 커피를 잘도 타왔다. 코끝에 그윽한 커피 향을 느끼며 한 모금 마시다가 그는 이내 이맛살을 찌푸리고 말았다. 책상 위에 놓인 조간신문의 헤드라인들이 금방 그의 기분을 상하게 했기 때문이었다.

'쇠고기는 다 열면 되고, 방위비 더 주면 되고, 파병은 더 보내면 되고', '캠프 데이비드 호텔료는 너무 비쌌다', '경제 살리기 효과 없다', '지방 배려 간데없고 수도권 규제만 완화한다', '교육 규제 완화는 교육 아수라장을 만든다', '서민층 취약층 정책 없고 대기업 정책만 있다', '강부자 비서실이 고소영 내각보다 부자다', '대운하 강행은 실정법을 넘어 대범죄다', '검경이 알아서 신공안 정국을 방조한다', '축산업자는 소수지만 많은 국민이 좋은 고기를 싼값에 먹는다고?', '우열반이나 수준별이나 그게 그거', '국민을 속인 재산 등록자는 알아서 처신해야' …… 등등.

끝도 없는 정부 질책으로 가득한 신문이 그의 부아를 건드리고 있었다. 기자 놈들의 뱃속에는 거머리만 들었는지 물고 뜯고 헤치고 염병들을 하고 있으니 기자실 폐지를 공연히 원 위치했다는 생각이 퍼뜩 떠올랐다. 놈현 대통령과 해찬들 총리가 왜 언론을 못 잡아먹어서 그렇게 안달복달을 했는지 알만도 했다.

더 화가 나는 것은 각 신문사가 경쟁적으로 그려대는 일간지 그림마당이었다. 대통령의 사사로운 말씀과 행동거지까지를 어찌나 비틀어서 그려대는지 황 승지가 보아도 기가 막히는 노릇이었다. 코만 걸린 얼굴에 철모를 씌워서 영어로 대문짝만하게 MB라고 쓰는 것은 예사요, 미국의 5분 대기조라고 비꼬기도 하는가 하면 불도저에 컴퓨터 달았더니 멍텅구리 되었다 하고 대통령이 미국산 쇠고기를 먹자마자 광우병이 걸려서 엉터리 인사를 남발했다는 그림까지 참으로 가관이었다.

어제 본 4단 만화에는 대선 때 한날당이 내걸었던 '국민성공시대'라는 문구를 패러디해서 '억울하면 성공하세요.' 라는 문구를 이용한 후 대통령의 얼굴을 그려서 청와대 수석들의 부자 인사를 지지고 볶아 놓은 것에는 두 손 두 발을 다 들 정도였다. 앞으로 어떻게 언론과 싸워야 할까 하는 생각에 미치자 황 승지는 그만 눈앞이 깜깜했다. 그는 다시 의자를 돌리고 눈을 감았다. 그때 주머니에서 진동으로 놓인 손전화가 부르르 떨었다. '이크, 또 불러대는구나', 그는 동물적인 감각으로 슬라이드식 액정판을 잽싸게 밀어 올렸다.

오빠, 잠은 좀 잤어? 어제는 홍콩갔었넹. 근데 핸드백은 언제 사줄거얌? ㅋ 나 오빠 기다려도 되지? 연락주셈 사랑해 … 설희.

아, 이 철부지가 잠시 나를 구원해 주는구나. 그는 쓴웃음을 지으며 손전화를 닫아 버렸다. 갑자기 졸음이 밀려 왔다. 일곱 시 반에 업무를 시작하자는 대통령의 고집 때문에 아침잠을 설친 것이 벌써 몇 달이 되었지만 그는 잘 적응하지 못했다.

늦게까지 해결해야 할 지시 사항도 많았고 별의 별 인연을 들어가며 챙겨 달라는 사람들이 줄을 지어 만나자고 하는 통에 몸이 열 개라도 모자랄 판국이어서 새벽까지 잠자리에 들 수가 없었기 때문이었다.

그런데다가 어제는 술도 정량을 넘었고 참으로 오랜만에 맛본 애프터의 후유증이 상당했다. 성질이 급한 대통령은 조금만 궁금하거나 확인할 일이 있으면 잠시의 기다림도 없이 황 승지를 불러대는 편이었다. 어떤 때는 화장실을 다녀오다가 무슨 생각에 잠겨 불쑥 비서실로 들어오는 경우도 있어서 잠시도 한눈을 팔기 어려운 상황이었다.

그는 다시 한 번 손전화의 액정 화면을 열어 문자를 확인하고는 씁쓸하게 웃었다. 무슨 특별한 교시라도 받았는지 설희는 처음부터 과감했다. 여섯 명의 여급 중 단연 돋보이는 미모와 S라인을 과시하며 좌중을 웃기고 시선을 사로잡았다.

"선생님, 쇠고기도 등급별 맛이 다르지만 여자도 그렇대요. 잘 들어 보세요. 제일 맛있는 여자는요. 훔쳐 먹는 거래요. 그러니까 친구 부인이나 옆집 아줌마. 두 번째는 아랫사람 중에 골라 먹는 건데 음……부하 여직원 같은 거. 그리구여, 세 번째가 처녀래요. 네 번째는 과부고 다섯 번째는요 저 같은 술집 아가씨랍니다. 흑 불쌍한 설희. 여섯 번째가 첩이고 제일 맛이 없는 건, 음……뭔지 선생님들이 맞춰 보실래요?

이 말에는 여러 명이 '마누라!' 하고 합창을 하여 그를 놀라게 했다. 그때서야 그도 마누라 생각이 났다. 마누라 얼굴을 본 게 언제였던가 하고 생각했지만 별달리 마음이 끌리지는 않았다. 오늘도 그녀는 돈과 정보를 가지고 부동산 먹이거리나 찾아다닐 위인일 테니까 말이었다. "그거 참 맞는 말이네. 근데 니들은 이 얘기 알고 있었냐?"라고 말하고 나서 그도 한참을 웃었다.

"근데요, 선생님. 마누라는 제일 맛이 없어도 늘 아껴줘야 한대요. 왜냐하면은요, 나한테는 젤 맛없는 여자지만 마누라 마음먹기에 따라서 다른 남자에게는 제일 맛이 있는 여자가 될 수도 있거든요."

허걱, 그는 뒤통수를 한 대 맞은 기분이었다. 저런 어린 것이 고수들을 놀리고 있구만. 그런 재치와 유머를 구사하는 그녀는 다른 이들과 대화를 나누는 중에도 슬쩍 바지 지퍼를 내려 손을 들이밀기도 하였고, 그가 제일로 좋아하는 페라가모 향수를 은은히 풍기며 그의 손을 슬쩍 자신의 가랑이 사이로 잡아끌기도 하는 살인적인 행동으로 즐거움을 배가시켰다.

노현 정부에서 잠시 세속의 눈과 귀를 즐겁게 했던 똥실장과 S양 사건이 남의 이야기가 아니라는 생각이 언뜻 뇌리를 스치자 섬뜩했지만 그건 남의 스캔들이요 설희는 내 영혼의 천사일 뿐이라고 생각했다.

아, 상큼하게 밀려오던 그녀의 젊음에 그는 몸을 떨었다. 부끄러운 듯 또 그를 밀치며 몸을 비꼬던 설희의 자태에 그는 마른 침을 몇 번이나 삼켰는지 몰랐다. 손끝에 만져지던 설희의 팽팽한 가슴과 허벅지의 탄력이 아직도 느껴지는 듯했다. 아흐! 그는 진저리를 치며 다리를 꼬고 머리를 의자 등받이에 기댔다. 잠시 눈감은 시간이 그를 평화롭게 했다. 서늘한 그녀의 손이 황 승지의 이마에서 멈췄다. 그는 손의 찬 기운에 멈칫 놀라며 감미롭게 눈을 떴다. 그의 시야 가득히 매부리코의 대통령 얼굴이 일그러진 채 들어왔다.

"황 승지! 업무가 힘들면 늦기 전에 말하세요! 마침 황 수석 재산신고가 엉터리라고 난리를 치는 판인데 지금 뒤에서 기다리는 사람 많습니다."

쇳소리가 섞인 대통령의 목소리가 귓전을 강하게 때렸다. 너무 놀라 일어서지도 못했는데 대통령은 벌써 문을 나가고 있었다. 아뿔싸, 그는 불에 덴 듯 소리쳤다.

"오 마이 갓, 오 마이 석세스!!"

박
숙
희

1959년 부산 출생.
부산대학교 사회학과 졸업.
1995년 《한국일보》 신춘문예에 단편 「우리에게 필요한 것은 날개가 아니다」가
당선되어 문단에 나옴.
장편소설로 『쾌활한 광기』 『키스를 찾아서』 『이기적인 유전자』
『사르트르는 세 명의 여자가 필요했다』 등이 있음.

양아치,
큰형님을
만나다

양아치, 큰형님을 만나다

　부시 큰형님을 만나기 위해 큰형님의 별장인 캠프 데이비드에 도착한 MB는 부러움을 감출 수가 없었다. 아방궁도 그런 아방궁이 없었다. 일찍이 루스벨트 형님이 샹그릴라라 이름 붙인 이유를 짐작하고도 남을 정도였다. MB의 나라 대한민국에서는 대통령 아니라 대통령 할애비가 돼도 이런 별장은 꿈도 못 꿀 일이었다. 다음 생에는 반드시 미국에서 태어나 미국 대통령 한번 해먹어 봐야겠다고 MB는 생각했다. 그러나 당장 중요한 문제는 부시 형님에게 잘 보이는 일이었다. MB는 골프 카트를 몰고 헬기장까지 직접 마중 나온 형님에게 자신의 야심을 들키지 않기 위해 한껏 비굴한 미소를 지으며 큰형님과 악수를 나누었다. 큰형님의 손은 과연 크고 두툼했다. 뿐만 아니었다. 호의와 친근감을 전달하기 위해 지그시 힘을 주는 형님의 악력은 MB로 하여금 다시 한번 꼬리를 내리게 했다.

부시 형님이 백악관이 아닌 별장으로 MB를 초대한 것은 일단 MB가 형님의 마음에 들었다는 뜻이었다. 큰형님은 자기 마음에 들지 않는 사람은 결코 별장으로 부르지 않았다. 특히 MB는 대한민국 대통령들 중 처음으로 캠프 데이비드에 초대받은 사람이었다. 부시 큰형님의 푸들이라 불렸던 토니 블레어 못지않게 자주 그곳을 드나들며 사랑 받으려면 이번 참에 확실히 형님의 마음을 사로잡아야 할 것이다, MB는 다짐하고 또 다짐했다.

사실 MB는 부시 형님에 대해 나름대로 연구를 많이 한 다음 그곳에 갔다. 소탈한 것 같으면서도 까탈스럽고 변덕스러우며, 통이 큰 것 같으면서도 밴댕이 소갈딱지인데다가, 낭만적이고 감상적인 제스처로 상대를 방심하게 만들었다가 느닷없이 폭력적으로 돌변하는, 그리고 무엇보다도 충동적인 큰형님의 성격 분석을 통해 MB가 내린 결론은 〈형님이 아무리 친근하게 잘 대해준다 하더라도 섣불리 까불지 말자〉였다.

— 웰컴, MB.

부시 큰형님은 MB와 악수했던 손을 자연스럽게 풀며 큰형님답게 부드러우면서도 근엄한 목소리로 인사를 건넸다.

그 순간만큼은 통역 없이 직접 영어로 인사를 올리기 위해 몇 날 며칠도 모자라 전날 밤까지도 잠을 설쳐가며 연습에 연습을 거듭한 MB는 형님의 환영 인사가 떨어지기 무섭게 고개를 주억거리며 답례 인사를 했다. 그러나 MB의 입에서는 한마디 영어도 튀어나오지 않았다. 느끼하지 않게 적당히 굴려줘야 할 혀가 연습 때와는 달리 심하게 꼬여버렸던 것이다. 꼬이다 못해 아예 엉켜버린 혀는 쓸데없이 목구멍을 자극해 하마터면 MB는 하늘같은 큰형님 앞에서 구역질을 하는 치명적인 실수를 저지를 뻔했다. 다행히 옆에 있던 마누라쟁이가 큰형님을 향해 쑤알라 쑤알라 지껄여대며 대신 답례 인사를 해준 덕에 간신히 위기를 모면한 MB는 그제야 꼬인 혀를 풀며 안도의 한숨을 내쉬었다. 마누라쟁이 덕분에 한 고비는 넘겼지만 누가 들어도 세련되지 못한 영어를 창피한 줄도 모르고 당당하게 들이대는 마누라쟁이가 MB는 영 마뜩찮았다.

형님과 같이 골프 카트를 타고 숙소로 이동한 다음 MB는 형님이 대동한 형님의 애완견 바니와 함께 산책길에 올랐다. 마누라쟁이와 로라 형수님, 그리고 형수님의 애완견인 바즐리도 산책길에 동행했다. 그런데 섭섭하게도 부시 형님은 MB와 나누는 대화에는 건성건성 하면서, 연신 꼬리를 흔들어대며 자기를 따르는 바니에게는 수시로 애정 표현하기를 잊지 않았다. 상황이 그렇다 보니 눈치 빠르고 영리한 바니 놈이 MB의 서열이 자신보다 낮다는 사실을 대번에 눈치 채고는 은근슬쩍 MB에게 위협적으로 굴었다. 시선 마주치기를 애써 피하는 MB를 물물이 쳐다보며 으르렁거리질 않나, 공연히 MB 쪽으로 다가와 MB가 내딛는 발걸음을 방해하질 않나, 아무튼 바니 놈은 산책 내내 MB의 눈엣가시처럼 굴었다.

드디어 만찬 시간이 되었고, 만찬 식탁에는 로라 형수님이 직접 요리했다는 미국산 쇠고기 요리와 생선 요리가 나왔다. 그렇잖아도 미국산 쇠고기 수입과 관련된 형님의 제안을 이미 납작 엎드려 받아들인 MB는 자신의 충성심을 좀 더 확실하게 큰형님께 전달하기 위해 다른 요리는 다 젖혀두고 쇠고기 요리부터 나이프로 썰어 한입 가득 입에 넣어 우물거리며 말했다.

— 쇠고기 맛이 기가 막힙니다요, 형님.

그 모든 대화를 통역을 통하지 않고 직접 하고 싶지만 안타깝게도 MB의 영어 실력은 그럴 정도가 못되었다. 그래서 MB는 통역과 큰형님의 얼굴을 번갈아 쳐다보느라 바빴다. 뿐만 아니라 통역과 큰형님을 바라볼 때의 표정 또한 극과 극으로 바꿔줘야 하다 보니 안면 근육이 대책 없이 실룩거리기도 했다. 그러나 그 와중에도 MB는 통역이 자신보다 더 굽실거리며 베리와 굿을 잘 전달하고 있는지 어떤지 체크했다. 다행히 MB의 충성심이 통역을 통해 충분히 전달됐는지 큰형님은 흡족한 표정을 지어마지 않았다.

— 우리 쇠고기, 대한민국에서 팔아먹는 문제에 관해서는 MB가 확실히 책임질 것이라 믿어 의심치 않겠네. 그런데 30개월 미만짜리 소 어쩌고 하는 단서는 왜 붙이나, 붙이길. 지금 MB가 먹고 있는 그 쇠고기 요리도 5살이 훨씬 넘은 소로 요리한 것인데, 괜찮지?

MB가 쇠고기 요리를 절반 이상 먹을 동안 아직 쇠고기 요리에는 포크도 갖다 대지 않은 부시 형님은 쏘아보듯 MB를 똑바로 쳐다보며 물었다. 형님에게 잘 보이기 위해 생선 대신 쇠고기를 입에 넣을 때 이미, 광우병에 걸려도 어쩔 수 없다는 심정이었지만 그래도 5년도 더 된 소라는 큰형님의 말은 적잖이 충격이었다. 그러나 MB의 입에서는 쇠고기가 도로 뱉어져 나오는 대신 오케이와 예스가 마구마구 쏟아져 나왔다. 그런 MB의 절절한 충성심에 감동을 받기라도 했는지 부시 형님은 MB를 만난 이후 가장 친근하고 은근한 목소리로 말했다.

— 얼마 전 대통령 당선되고 나서 첫 출근하던 날 말이야. 그날 MB 자네가 검정색 서류가방 들고 출근하지 않았나? 그 서류가방 속에 든 내용물이 다름 아닌 살생부라고 하던데, 맞는가?

과연 큰형님은 큰형님이구나, MB는 뜨끔 놀라지 않을 수 없었다.

― 소문이 틀리지 않다면 살생부에 오른 놈들을 처리하는 방법에 대해서 한 수 가르쳐주지.
지금 자네가 해나가는 방식은 양아치 수준이야. 기왕이면 내가 자네들을 다루듯이 그렇게, 그러니까 죽이더라도 어느 정도의 형식은 갖추어서 폼 나게 죽여야 하지 않겠냐 이 말이지, 내 말은.
큰형님에게 충성하고 줄만 잘 서면 여태까지 자신이 주로 놀던 뒷골목 양아치 세계에서 보다 넓은 세상인 폭력배 조직으로 신분 이동을 하게 될 줄 알았던 MB는 형님이 가르쳐주는 수준 높은 한 수를 얼른 이해하기 어려웠다. 그래서 되묻지 않을 수 없었다.
― 그러면 형님, 형님이 저에게 웃으면서 미국산 쇠고기 먹이듯이 저도 놈들에게 웃으면서 쥐약 먹이면 되는 겁니까요, 형님?
― 이 사람아! 그러니까 자네가 양아치라는 소리를 듣는 거야. 쓰디쓴 쥐약이 어떻게 입안에서 살살 녹는 쇠고기를 대신할 수 있겠는가? 무식한 불도저처럼 밀어붙이려고만 하지 말고 제발 머리 좀 쓰게나.
― 그런데요, 형님! 미국에서 제일 성능 좋은 컴퓨터는 어떤 컴퓨터인지 좀 알려주시면 안 되겠습니까?
― 느닷없이 컴퓨터는 왜?
― 아예 컴퓨터를 불도저 머리 위에 달아 버리는 게 나을 것 같아서 말입니다.
― 푸하하! 역시 자네는 불도저야. 아니 지금부터 나는 자네를

컴도저라고 부르겠네. 머리 위에 컴퓨터를 단 불도저, 컴도저!

MB는 큰형님이 자신에게 새로 붙여준 별명이 무척 마음에 들었다. 그래서 형님과의 만찬이 끝난 뒤 잠자리에 들어서도 형님께서 하사하신 자신의 별명을 계속해서 되뇌다가 곁에 누워 있는 마누라쟁이에게 물었다.

― 어이! 불도저가 좋아? 컴도저가 좋아?

― 컴도저라니?

― 부시 형님이 오늘 새로 지어준 내 별명인데, 머리 위에 컴퓨터를 달면 불도저가 컴도저가 된대.

― 그것 참 이상하네. 호박에 줄긋는다고 수박 되는 건 아닐 텐데, 부시 아주버님이 어떻게 그건 모르셨나 보네.

1952년 강원도 평창에서 태어나 태백에서 성장함.
경희대 대학원 및 고려대 대학원 국문과 졸업.
1986년 제1회 『동서문학』 신인문학상에 중편소설 「검은 땅 비탈 위」가 당선되어 문단에 나옴.
창작집으로 『탄(炭)』 『금지된 문』 『말 없는 놀이꾼들』 『연리지가 있는 풍경』이 있음.
2006년 소설집 『연리지가 있는 풍경』으로 제19회 경희문학상 소설 부문을 수상함.

낯선 손님

낯선 손님

굿모닝 시티 앞에서 버스를 탄 정균은 안 사장의 말을 곱씹느라 버스가 D신문사 앞을 지나칠 때까지 자리에 앉아 있었다.

"손 과장, 이번에 연하장을 왜 이렇게 많이 찍나?"

안 사장이 의아하다는 듯이 물었다.

"예, 그건 거래처가 지난해보다 더 늘어났다는 데에 그 원인

이 있지만 다른 이유도 있습니다."

정균은 잠시 말을 멈췄다.

"다른 이유라니?"

"……요즘 핸드폰이다, 이메일이다, 팩시밀리다 해서 통신 방법이 다양해지다 보니, 직접 펜으로 써서 인사하는 예가 거의 없어졌거든요. 그렇다고 거래처에 일일이 편지를 써서 보낼 수도 없고……. 이번에 연하장에다 여백을 많이 두게 한 것도 연하장을 사용하는 사람이 거기다 간단한 인사말을 써 넣어서 보내라는 의미도 있습니다."

정균은 말을 마치고 안 사장의 해납작하게 생긴 얼굴을 바라보았다.

"그렇다고 해도 너무 많지 않은가? 연말연시가 되면 이메일로 연하장이 무수하게 날아들 텐데……우리 회사에서 종이 연하장을 하나 달랑 보낸다고 해서 무슨 큰 의미가 있을까? 손 과장은 너무 아날로그적 사고방식에 젖어 있는 게 아닐까?"

안 사장의 얼굴은 본래부터 조금 크게 보이는데 웃음까지 곁들여지면 그 얼굴이 더욱 커 보이는 것이었다.

다음 내리실 정류장은 국민은행 앞입니다. 안내 방송을 듣고, 정균은 허둥거리며 '내리는 문'으로 다가갔다. 버스가 바퀴를 멈추자, 그는 재빨리 내렸다. 국민은행 사이로 난 길의 횡단보도 위로 사람들이 빠른 걸음으로 몰려가고 있었다. 그도 걸음을 빨리하기 시작했다. 횡단보도 안으로 서너 걸음 걸었을 때 빨간 불이 들어왔다. 신호등 옆에서 교통순경이 그를 바라보고 있었다. 그는 흠칫 놀라 빨리 뛰었다. 호루라기를 입에 문 교통순경은 부동자세로 서 있을 뿐, 호루라기를 불지 않았다. 그는 교통순경이 허수아비인 것을 알아차리고, 목덜미를 손으로 쓰다듬으며 가쁘게 숨을 몰아쉬었다.

길 양쪽의 건물에는 두 집 건너 한 집 꼴로 학원 간판이 붙어 있었다. 종로학원, 대성학원, YBM어학원, 아발론영어학원, 홍익미술학원, 한양컴퓨터학원, 한샘국어논술전문학원, 페르마수학학원……. 무슨 학원이 저리도 많아……정균은 혼잣소리로 중얼거리며 누리에 커피숍으로 들어갔다.

"여기야."

수조 옆에 앉아 있던 수만이 손을 번쩍 들어 보였다.

"서울엔 무슨 일로?"

정균이 수만의 앞자리에 앉으며 물었다.

"대리점장 회의가 있어서 올라왔어."

수만이 힘없는 목소리로 말했다. 구조 조정으로 총무과장 자리에서 갑자기 물러났던 그는 처가의 도움으로 강원도 태백시 중심가에 자리 잡고 있는 자유시장에서 신발가게를 하고 있었다. 태백시는 정부의 석탄산업합리화 정책으로 가행 탄광의 대부분이 문을 닫고 겨우 2, 3개의 탄광이 잔명을 이어가고 있는 탓으로 인구가 12만 명에서 5만명선으로 줄어들어 지역경제가 활기를 잃은 지는 오래였다.

"회사 생활은 견딜 만하지?"

"말 마, 사장이 사사건건 물고 늘어져 쪼아대는 바람에 하루하루가 지옥 같애. 회사 때문에 고민하고 앉아 있는 내가 안쓰러웠던지, 마누라가 학원비를 쥐어주며, 영어 학원으로 내몰아서 영문해석 반에 등록을 했어. 번역 공부를 더 해서 번역사 사무실을 내볼까 하고."

정균이 부수수한 얼굴을 앞으로 내밀며 말했다.

"번역사 사무실? 거기도 이미 기존 업체들이 진을 치고 앉아 있어서 쉽진 않을 거야."

수만이 낮은 목소리로 말했다. 두 사람 사이에 침묵이 흘렀다.

"그래 태백서 살기가 어때?"

"애들 교육 문제만 아니면 입에 풀칠은 하겠는데……태백도 사교육 열풍이 서울 뺨쳐. 영어 학원, 수학 학원, 독서논술 학원은 기본이고 피아노 학원, 미술 학원까지 다녀야 하니까, 월수입의 절반이 사교육비로 날아가. 학원만 다니면 괜찮게. 해외 캠프 비용까지 다 합치면……파산하여 길거리에 나앉지 않고 살아가는 게 기적이라고 할 수 있어."

"아무리 그래도 수도권에 사는 사람들만큼 사교육비가 들어 갈려고."

정균이 나지막한 목소리로 중얼거리듯 말했다.

"서울에서 살다 시골에 가니까 아무래도 교육 정보 같은 것에 어두워지게 돼. ……더 불안해서 사교육에 매달리게 되는가봐."

수만이 가방 끈을 만지작거리며 말했다.

정균은 수만과 종로3가에서 헤어져 전철역을 향해 걸어갔다.

하늘은 잔뜩 찌푸려져 있었다. 전동차가 플랫폼으로 미끄러져 왔다. 차가운 기운이 정균의 둥그스름한 얼굴을 훑어 내렸다. 이윽고 전동차가 바퀴를 멈췄다. 전동차 문 열리자, 사람들이 등에 불이라도 붙은 것처럼 뛰쳐나왔다. 안전선 안에 서 있던 사람들이 전동차 안을 향해 밀려갔다.

고속버스 터미널에 전동차가 멎자, 정균은 재빨리 내렸다. 대합실을 빠져나오자 마이크 소리가 귓전을 울렸다. 여러분! 영어몰입 정책을 어떻게 생각하십니까. 저는 대단히 잘하는 정책이라고 생각합니다. 글로벌 시대에 살아남으려면 영어를 잘해야 합니다. 이제는 영어를 모르고는 생존조차 할 수 없는 시대가 온 것입니다. 노란 봉고차 주위를 사람들이 에워싸고 있었다.

"영어를 잘 할 수 있는 비결은 첫째 영어 책을 많이 읽어야 합니다. 영어 공부에는 문법, 작문, 해석, 회화, 쓰기 등 여러 분야가 있지만, 영어 책을 많이 읽는 것이 영어 공부의 기본이 되는 겁니다. 이번에 글로벌 잉글리시 출판사가 펴낸 이 시리즈는 사전을 찾는 번거로움이 없이 읽을 수 있도록 만든 책으로 그냥 소설 읽어가듯이 읽기만 해도 영어 실력이 팍팍 늘어납니다."

훤칠한 키의 미니스커트가 영어 책을 손에 들고 흔들어댔다.

"이 시리즈 한 질에 얼맙니까?"

정균이 책 한 권을 펼쳐보며 물었다.

"정부 시책에 부응하는 의미에서 우리 글로벌 잉글리시 출판사가 대국민 봉사 차원에서 영어명작문고 100권 한 세트를 거저 드립니다."

나비넥타이가 말했다.

"정가가 얼맙니까?"

정균이 미니스커트의 동그란 입을 바라보았다.

"정가는 100만 원입니다. 사은품으로 드리는 옥스퍼드 영한사전까지 합하면 105만 원입니다. 전 100권을 제작 원가에도 못 미치는 단 돈 10만 원에 드립니다."

미니스커트가 규식을 바라보며 말했다.

"그럼 한 질 주세요."

규식이 주머니에서 지갑을 꺼내 10만 원짜리 수표 한 장을 꺼냈다.

"지금 여기 있는 건 견본이구요, 모레까지 틀림없이 택배로 배달해드릴 테니, 정확한 집주소와 전화번호를 적어주세요. 대금은 책을 인수하시고 나서 은행 지로로 보내주시면 됩니다."

미니스커트가 도서 주문서를 정균이 앞으로 내밀었다. 블론드 빛깔의 머릿결이 그녀가 움직일 때마다 출렁였다.

"그러지요 뭐."

정균은 도서 주문서에 자신의 집 주소와 전화번호를 적었다.

정균이 도서 인수증에 서명을 해주고, 글로벌 잉글리시 영어 명작문고 세트를 받고 난 며칠 후였다. 월드 메르디앙 아파트 단지로 은빛 갤로퍼가 한 대 미끄러져 들어왔다.

낯선 사내가 갤로퍼에서 내렸다. 그가 504호의 인터폰을 눌렀다.

"여보, 손님 왔어요."

아내가 소리쳤다.

"나, 화장실에 있어, 당신이 대신 나가봐."

아내의 뾰쪽한 턱 밑으로 낯선 사내가 불쑥 도서대금 청구서와 은행 지로 용지를 내밀고 뒤돌아섰다.

"도서대금 105만 원을 청구합니다. 여보, 이게 뭐예요?"

아내가 도서대금 청구서와 은행 지로용지를 흔들어 보였다.

"뭐 105만 원?"

정균은 도서 대금 청구서와 은행 지로용지를 들고 문 밖으로 뛰어나갔다.

막 아파트 정문을 빠져나간 은빛 갤로퍼가 속도를 내기 시작했다.

1964년 강원 정선 출생.
1998년 『문학21』에 단편 「도둑고양이」가 당선되어 문단에 나옴.
장편소설로 『동강에는 쉬리가 있다』, 『은옥이 1, 2』, 『아담과아담이브와이브』, 『도둑고양이』, 『개 같은 인생들』 등이 있음.
제1회 디지털문학대상을 수상함.

저거,
홍식이
아녀?

저거, 홍식이 아녀?

　서울 세종로. 봄을 맞았지만 국왕이 바뀐 후로 날씨는 연일 꾸리꾸리하다. 한 사내가 널찍한 골목으로 걸어 들어간다. 사내는 파마머리에다 짙은 선글라스를 꼈다. 양복은 흰색으로 검은 색 반짝이를 어깨와 가슴에 달고 있다. 그의 양복 왼쪽엔 〈인초니〉라는 명찰이 달려 있다. 골목 끝자락으로 대형 건물이 보인다. 건물 외

벽엔 "경제를 살리겠 '읍' 니다"라는 대형 현수막도 걸려 있다.

사내가 〈2메가 찬양위원회〉란 간판이 붙은 건물 앞에 섰다. 국왕인 2메가를 찬양하기 위해 만들어진 위원회다.

사내는 건물 안으로 들어갔다. 건물은 각 층마다 2메가를 찬양하기 위한 위원회들로 가득하다. 2메가 머리를 유행시키기 위한 두뇌계발팀도 있고, 2메가 목소리를 유행시키기 위한 음성훈련 캠프도 있다. 열흘 만에 2메가 목소리로 완성시킨다는 안내 문구가 건물 로비에 큼지막하게 붙어 있다. 8층엔 한반도 대운하 추진위원회도 있다. 5층엔 2메가 성형위원회가 자리를 잡았다. 성형위원회가 내건 슬로건은 '2메가처럼 가늘고 멋진 눈을!' 이다. 모든 비용은 전액 무료이다.

사내가 가야 할 곳은 7층. 2메가 찬양 음반위원회이다. 지하 4층까지 내려갔던 엘리베이터 문이 열리는 순간, 여성 둘이 헐레벌떡 건물 안으로 뛰어 들어왔다. 둘 다 짧은 미니스커트를 입었다. 늘씬한 몸매가 물 오른 버드나무처럼 낭창낭창했다. 여성 둘이 합창을 하듯 함께 가자고 소리쳤다.

"오늘도 감독님한테 혼날 뻔했네."

한 여자가 손부채를 펄럭거리며 말하자 엘리베이터 안으로 향수 냄새가 훅 풍겼다. 사내가 침을 꿀떡 삼키며 숫자 7을 눌렀다. 여자 둘이 사내를 힐끔 하더니 가슴에 달린 명찰을 보며 큭큭 웃었다. 두 여자는 영화배우들인지 10층에 있는 2메가 찬양 영화

위원회로 갔다.

오후 3시 정각이 되자 오디션이 시작되었다. 오디션에 참가한 사람들은 30여 명. 유명 가수는 없고 다들 밤무대에서 활동하고 있는 무명 가수들이다. 먼저 음반위원회 팀장이 한마디 했다.

"아시다시피 우리는 2메가님이 추진하고 계시는 정책을 음악으로 홍보하기 위해 만들어진 위원회입니다. 따라서 2메가님을 이 나라 역사상 최고의 국왕으로 만들기 위한 여러 가지 음반을 준비하고 있습니다. 오늘이 여러분의 인생을 바꿀 수 있는 절호의 찬스입니다. 그간 당해왔던 무명의 서러움을 이번 기회에 털어낼 수 있기를 기대합니다."

팀장의 말에 박수가 쏟아졌다. 가장 먼저 오디션에 나선 이는 자신을 '철이'라고 소개했으며 만화영화 주제가 「은하철도 999」를 패러디한 「2메가 찬양 경부운하 747」을 불렀다.

다음으로 무대에 오른 이의 예명은 경숙이이다. 짧은 미니스커트를 입은 그녀는 자신이 직접 만들었다며 「어뤤지」를 불렀다. 영어 몰입교육만이 2메가님의 정책을 한 단계 업그레이드시킬 수 있다는 내용이다.

"노래는 괜찮지만 그놈의 어뤤지 때문에 2메가님의 지지율이 곤두박질 친 건 모르나? 다음!"

이어 무대에 오른 이는 밤무대 여가수 신시내다. 그녀가 다이아몬드 스텝을 밟으며 「정치인은 한통속」을 불렀다.

"저건 여기 뭐 하러 왔어. 그러잖아도 고소영 내각이다 강부자 수석이다 말이 많은데 국민들이 우릴 뭘로 보겠어. 여기가 어딘지 알고 저런 노랠 부르나? 에이, 저거 당장 치워!"
 팀장의 말이 떨어지자 건물 밖에 대기하고 있던 체포조가 우르르 몰려왔다. 신시내는 이내 체포조에 의해 끌려 나갔다. 신시내가 악을 바락바락 쓰며 버텼으나 2메가 정부 들어 새롭게 구성된 체포조의 가공할 힘을 당해낼 수는 없었다. 건물 밖으로 끌려나간 신시내가 거친 욕설을 마구 쏟아냈다.
 "야이, 멍충이 놈들아. 그럼 잘난 사람 잘난 대로 살고 못난 사람 못난 대로 살자는 게 뭐가 잘못이라는 거야! 무식한 노므 새끼들."
 화가 머리끝까지 난 신시내, 이대로 돌아갈 수는 없었다. 오늘의 억울함은 풀어야 했다. 그녀는 미니스커트 속단을 쭉 찢더니 가방을 뒤져 빨간색 루즈를 찾아 헝겊에다 '2메가 오디션 무효!'라고 썼다. 신시내는 그렇게 만든 머리띠를 머리에 둘렀다. 건물 유리에 비춰진 자신의 모습을 확인한 신시내는 건물 입구에서 일인 시위를 하기 시작했다.
 "2메가 오디션 무효화하라!"
 한편 오디션 장에서는 인초니가 무대에 올랐다. 그는 "제가 오디션에 합격하면 음악 시장을 확 바꿔 놓겠습니다. 2메가님의 정책에 반하는 음반회사 사장들을 다 잘라 버리겠습니다."라고 인사말을 했다.

　인초니의 말에 팀장이 "저게 정말 인초니 장관인 줄 아냐?"며 "이봐, 인초니. 그런 건 장관에게 맡기고 노래나 불러!" 하고 소리쳤다.

　인초니가 「강남에 살으리랏다」를 멋들어지게 불렀다. 그가 노래를 부르는 중에도 건물 밖에서 시위를 하고 있는 신시내의 외침은 계속되었다. 그날 오디션에 합격한 사람은 철이와 인초니, 그리고 「2메가 만세! 한반도 대운하 만세!」를 불러 팀장을 감동케 한 유일한 여가수인 이운하였다.

　한 달 후 철이와 인초니, 이운하는 밤무대를 떠나 공중파 방송을 타기 시작했다. 그러나 아무리 지랄을 떨어도 방송 차트 순위는 오르지 않았다. 2메가 찬양 영화 「새우 눈이 고래를 녹였다」도 개봉관에서 사흘을 넘기지 못하고 간판이 내려지는 수모를 당했다. 성형위원회에서 눈 수술을 했던 이들은 다시 눈을 키워 달라며 건물 앞에서 연일 시위를 했다. 그들은 찬양위원회 회원증을 불태우면서 2메가와의 면담을 요구했다.

　발등에 불이 떨어진 2메가 찬양위원회는 즉각 건물 전체 회의를 소집했다. 각 층에 있던 찬양위원회 팀장들과 위원장이 속속 회의실로 들어섰다. 각종 사업을 진행하고 있던 팀장들이 위원장에게 현재 상황을 보고했다. 위원장이 심각한 표정을 짓더니 팀장들에게 물었다.

"대안은 없습니까?"

다들 입은 있지만 재봉질을 한 모습들이다. 침묵의 순간이 이어졌다. 그때 성형위원회 팀장이 맞아 죽을 각오를 하고 한 마디 했다.

"요즘 큰 눈이 유행입니다. 이런 기류에서 새우 눈을 유행시키기란 매우 어렵습니다. 차라리 2메가님 눈을 왕방울 눈으로 성형시켜 드리는 게 어떻겠습니까?"

성형위원회 팀장의 말이 있자 여기저기에서 불만이 터져 나왔다. 지금의 2메가로는 악화된 여론을 뒤집기 힘들다는 말까지 나왔다. 위원장이 한숨을 크게 쉬더니 또 물었다.

"그럼 어쩌면 좋겠습니까?"

"지금의 '2메가 찬양위원회'로는 한계가 있습니다. 이참에 찬양위원회를 '아름다운 2메가 만들기위원회'로 하면 어떻겠습니까?"

"아름다운?"

"예, 2메가님의 이미지를 아름답게 만드는 일입니다. 눈도 크게 만들고 목소리도 성우 뺨치게 매력적인 목소리로 만드는 겁니다. 한글 공부도 다시 시켜 '읍'이라고 쓰는 것을 '습'이라고 쓰게 해야 합니다."

"시간은 얼마나 걸릴 것 같은가요?"

"점검 결과 최소 5년은 걸리는 걸로 나왔습니다."

"5년은 너무 길어요. 최대한으로 줄여보세요."

위원장의 지시로 팀장들은 전국을 돌며 의견을 들어보았다. 그렇게 해서 채택된 결론이 2메가를 새롭게 복제하는 것이었다. 위원장이 국왕 집무실에 들어가 사정을 설명하니 2메가가 눈물을 줄줄 흘리며 말했다.

"난 이미 국왕입니다. 다시 국왕 선거에 나설 일이 없으니 그런 거 필요없'읍'니다. 나 같이 사기 잘 치고 거짓말 잘하는 놈을 만나는 건 아주 두려운 일입니다. 앞으로 잘할 테니 이대로 살게 해주세요. 제발 부탁입니다. 예?"

그 후로부터 2메가는 행사에 나갈 때마다 눈을 부릅떴다. 연설을 할 때는 목소리도 애써 바꿨다. 그렇게 한 달이 흘렀다. 국경일을 맞았다. 국왕이 연단에 올라가 영부인과 인사를 하고는 마이크를 잡고 연설을 시작했다. 서울역에서 생방송을 지켜보던 연세 지긋한 아주머니가 한마디 했다.

"저거, 서울의 달에 나왔던 제비족 홍식이 아녀? 한동안 보이지 않더니 언제 여잘 바꿨네?"

박선욱

1959년 전남 나주에서 태어남.
1982년 『실천문학』지에 시 「누이야」, 「그때 이후로」, 「가려거든」, 「잠든 조카를 보며」 등 4편을 발표하면서 문단에 나옴.
시집으로 『그때 이후』 『다시 불러보는 벗들』 『세상의 출구』 등이 있고, 어린이 소설 『날쌘돌이 일지매』와 창작동화집 『모나리자 누나와 하모니카』가 있으며, 평전 『채광석』 『윤이상』 등의 저서가 있음.

달인

달인

"각하. 청계천에서 지금 난리가 났습니다."

비서실장이 집무실에 뛰어들며 호들갑을 떨었다.

"무슨 일이오? 무슨 일인데 그렇게 숨이 넘어가시오?"

이메가는 요즘 장안에서 제일 시청률이 높다는 사극의 주인공처럼 한껏 점잔을 빼며 비서실장을 쳐다보며 물었다.

"광우병에 걸린 소를 수입하지 말라고 시민들이 촛불시위를 열고 있습니다."

"뭐, 뭐라구? 광우병에 걸린 소를 수입하지 말라구?"

"예, 각하. 연일 수만 명의 시민들이 청계천과 광화문, 시청 일대에서 데모를 벌이고 있습니다."

"아니, 질 좋은 미국 소를 수입하여 값싸게 먹으면 될 일을 가지고 저리 난리들이라니 쯧쯧……."

이메가가 혀를 끌끌 차며 비서실장을 노려보았다. 그렇지 않아도 이메가의 가늘게 찢어진 눈이, 숫제 보이지도 않았다. 그 바람에 비서실장은 어느 곳에 초점을 맞추고 쳐다봐야 할지 몰라 쩔쩔 맸다.

"이봐!"

"옛, 각하."

"각하란 말은 삼가라고 했지 않소? 그게 어느 때 호칭인데……야당 애들이 들으면 나를 제왕적 대통령이라고 공격하지 않겠냔 말이오."

"아, 예에. 저어기, 과거에 제가 총통 각하와 전통 각하를 하도 많이 불러서 버릇이 되다 보니 글쎄, 그만……."

"남들 보기에 민망하니 그 호칭은 제발 그만두시오."

"예, 각하."

"어허! 또, 또……. 어쨌든, 청계천의 일을 좀 더 소상히 알아

본 다음에 보고하시오."

"옛 각하!"

비서실장이 문을 나간 뒤 이메가는 의자 뒤로 머리를 기댔다. 피로감이 일시에 몰려왔다.

폭발적인 지지와 압도적인 표차로 여당 후보를 누르고 대통령에 당선될 때까지만 해도 세상이 꿀처럼 달콤해 보였는데…… 막상 청와대의 주인이 되고 보니 왜 그리도 걸림돌이 많은지 알 수가 없었다. 집무실 창문을 열자 청와대 마당에 설치된 스피커에서「대운하 송」이 경쾌하게 흘러나오고 있었다.

이메가는 평소 이 노래만 들으면 불끈 힘이 솟곤 했다. 집무실 책상 위에는 '대운하'라고 써놓은 포스트잇이 놓여 있어서, 노래를 듣지 않을 때도 그것만 바라보면 공연히 신바람이 나곤 했었다. 하지만 지금은 왠지 심기가 불편했다. 며칠 전 한 포털사이트에서 자신과 관련한 기사를 검색하다가 '노간지 예언'이란 걸 본 뒤부터였다. 네티즌들이 '멋지다'는 뜻의 일본어 '간지感じ'를 봉아마을로 내려간 노통에게 노간지라며 좋아라 붙인 뒤부터 급속도로 유통되는 말이라고 친절히 설명까지 늘어놓고 있었다. 거기에 '예언'이란 말이 붙어 있어 호기심 삼아 클릭했더니 그야말로 유언비어가 따로 없었다. 노스트라다무스 이래 그런 엉터리없는 예언이라니. 제목이 재수 없어서 '즐겨찾기' 목록에 걸어놓고는 쳐다보지도 않았는데……. 불현듯 세간의 말들에 대한 궁금증이

송곳처럼 뾰족하게 가슴을 찔러댔다. 신경질이 뻗친 이메가는 우선 창문부터 '쾅' 하고 닫아 버렸다.
"각하, 무슨 일이 있으십니까?"
비서실장이 문을 빠꼼히 열고 조심스레 물어보았다. 이메가는 잔뜩 찌푸린 표정으로 나가라는 눈짓을 했다.
"아, 예에. 나가겠습니다."
비서실장이 소리 안 나게 문을 닫았다.
'에잇, 칠칠치 못한 인사 같으니라구.'
포털사이트에는 이 영상이 '노간지-무서운 예언 적중'이라는 제목으로 베스트 동영상 3위에 올라 있었다. 노통이 재임 당시 했던 강연 중 일부를 짤막하게 편집한 동영상이었다.
"딴나라당의 정책을 예측하자면 딴나라당의 전략을 보아야 하는데 딴나라당의 전략이 무엇인지 알 수가 없습니다. 책임 있는 대안을 내놓는 일은 거의 없고 앞뒤가 맞지 않는 주장과 행동, 그리고 말과 행동이 다른 주장이 너무 많아서 종잡을 수가 없고요. 한 가지 분명한 것은 무책임한 정당이라는 것은 분명합니다. 요즘 그 당 후보들의 공약을 봐도 창조적인 전략이 별로 보이질 않습니다. 한 마디로 부실하다는 생각이 듭니다. 막연하게 경제를 살리겠다, 경제대통령이 되겠다, 말하는 것은 전략이 없는 공허한 공약입니다. 공약이라 할 것도 없고 그냥 미사여구죠."
이메가 자신을 비롯해서 딴나라당의 정책을 공격하는 말이었다. 모니터 화면을 들여다보고 있자니 부아가 슬그머니 치밀어 올랐다. 동영상은 계속되었다.

"대운하 건설비는 단기간에 회수되지 않는 투자입니다. 민자 유치를 한다고 하나 참여할 기업이 있을 리 없으니 하나마나한 사업을 하고 있는 것이라 할 것입니다. 이 말 듣고 열 받아서 재정으로 투자를 하면 그야말로 그때는 정말 큰일 납니다."

대운하 공약에 대해 사업성이 없음을 지적한 것이었다. 무엇이 그리 우스운지 참석자들의 웃음소리가 연설 중간 중간에 들려왔다. 그것이 또한 이메가의 심기를 어지럽혔다.

'무슨 서커스가 왔나? 웃고 떠들게. 아니면 개콘 무대라도 되는 거야, 뭐야?'

이메가는 공연히 심통이 나서 견딜 수가 없었다. 어쨌든, 한번 보기 시작한 것인 만큼 동영상이 끝날 때까지 보기로 했다.

"경제는 경제정책만으로 되는 것이 아닙니다. 종합적인 국가 발전 전략이 중요한 것입니다. 이 시기 한국이 추구할 가치와 역사적 과제가 무엇인지를 제시하는 전략적인 공약, 공약다운 공약이 나오길 기대합니다."

그것이 연설의 끝이었다. "딴나라당이 정권을 잡을 것을 생각하니 끔찍합니다."라고 마무리한 노통의 연설 말미에는 수많은 탁자가 한꺼번에 뒤집어지는 것과 같은 요란한 박수 소리와 환호하는 소리가 동영상을 가득 채웠다. 아차, 볼륨 낮추는 것을 깜빡

잊었지, 하며 막 볼륨을 낮추려는데 집무실 문이 살그머니 열리는 게 보였다.

"각하, 혹시 무슨 일······."

비서실장이 또다시 눈만 동그랗게 뜬 채 문틈으로 쳐다보았다. 이메가는 마우스를 눌러 재빨리 모니터 화면을 바꾼 뒤 탁자에서 아무거나 집어 던졌다. "이젠 노크도 안 할 거야?"라는 소리와 함께 작은 물체가 '피융' 하고 날아갔다.

'철썩!'

공중에서 파열음을 내며 날아간 물체는 문을 막 닫으려 하는 비서실장의 이마에 꽂혔다. 비서실장의 이마에 '대운하'라는 글씨가 나타났다. 그것은 이메가가 대선에 당선된 뒤 매직펜으로 정성껏 써놓고는 가끔 들여다보는 포스트잇 뭉치였다. 잠시 멍하니 서 있던 비서실장이 황급히 문을 닫았다. 포스트잇이 문 안쪽으로 떨어져 데굴데굴 양탄자 위로 굴러갔다.

'저 친구까지 짜증나게시리······.'

이메가는 갑자기 집무실 벽에 놓인 장식장 문을 열고 조지네부시네 산장에서 선물 받은 텍사스산 가죽 가방을 꺼내보았다. 지퍼를 열자 그 속에 이메가의 영문 이니셜이 박힌 가죽점퍼가 들어 있었다. 대한민국 역대 대통령 중에 조지네부시네 산장에 초대 받아 간 최초의 대통령이 바로 자신이라는 사실을 점퍼와 가죽 가방이 증명하고 있었다.

오, 이 얼마나 가슴 떨리는 가문의 영광인가. 새삼 그날의 감격이 왈칵 치밀어 올라서 하마터면 눈물이 쏟아질 뻔했다. 노통 정부가 지난 5년간 만사 젖혀 놓고 막아내고자 했던 쇠고기 협상안을, 전면 개방하는 합의문으로 바꿔 조지네부시네와 함께 서명하던 때가 불현듯 떠올랐다. 그때는 마치, 화장실에 앉아 죽을힘을 쓰던 변비 환자가 마지막으로 용을 쓴 끝에 묵직한 한 덩어리를 마침내 떨어뜨리는 것과 같은 시원함이 있었다. 까짓것, 30개월짜리 소면 어떻고 20개월짜리 소면 어떤가. 미국이 우리를 지켜준다는데, 내장이든 살코기든 뼈든 그게 대관절 뭐가 어째서 저 야단들이란 말인가. 촛불 시위에 참여하는 사람들의 연령대가 10대면 어떻고 20대면 어떤가. 맛좋은 미국 소를 싸게 사먹을 수 있는 길을 터놓았는데도 저리 생야단들인 게 도무지 이해가 되지 않았다.

가죽점퍼와 가죽 가방에서 달콤하고 쌉사름한 추억의 냄새가 났다. 이메가는 잠시 조지네부시네 산장보다 더 먼 추억 속으로 빠져들기로 했다.

이메가는 달인이었다. 최연소라는 타이틀과 초고속 승진의 기록은 이메가만의 전매특허였다. 20대 때 재벌회사에 편지를 써서 공채 신입사원에 입사한 것은 전무후무한 기록으로, 달인으로서의 첫발을 떼는 상징에 속했다.

평사원이었지만 그는 새벽 네 시면 어김없이 일어나 하루를 시작했다. 맨 먼저 회사에 출근하여 불도저처럼 일하는 그를 두고 사람들은 '일찍 일어나는 새'라는 별명을 달아주었다. 평사원 때 벌써 과장처럼 일했고, 과장 때는 이사처럼 일했다. 그는 이 같은 노력과 열심으로 입사 5년 만에 이사, 12년 만에 사장이 되었다. 다만 한 가지 이상한 점은, 이메가가 승승장구할 때마다 같은 부서의 경쟁자가 어느 날 갑자기 명퇴되거나 한직으로 내쫓긴다는 점이었다. 그때마다 이메가에게는 삽질의 달인, 굴착의 달인이라는 별명이 하나씩 늘어났고 별명에 걸맞게 억척스레 현장을 누비고 다녔기에 늘 그렇듯이 의혹은 유야무야 가라앉고 말았다.

그는 유난히 작은 눈에 귀밑까지 찢어지는 입을 크게 벌리고 아무 때나 웃으며 말을 함부로 하는, 둘러대기의 달인이었다. 이 기록 또한 지금까지 깨진 적이 없었다. 재벌회사 회장님의 큰아들이 불의의 사고로 목숨을 잃었을 때였다. 새벽녘, 부리나케 빈소를 찾은 그는 분향한 뒤 상주들을 위로하고자 한마디 했다.

"큰아드님은 역시 영정 속에 들어가 있어도 근육질이 느껴지는군요. 회장님, 마음이 많이 아프시겠지만, 어쩌겠습니까? 그래도 든든한 아드님들이 일곱 명이나 되니······럭키 세븐! 럭키 세븐 아닙니까? 하······."

상주들이 머쓱해하자, 어색한 분위기에서 벗어나고자 그는 이 대목에서 특유의 제스처로 입을 벌리고 하하, 웃으며 얼버무리려 했다. 상주들이 더욱 당혹스러워하자 그는 움찔하며 얼른 말을 바꾸었다.

"하, 하이고, 야속한 사람, 젊은 나이에 먼저 가다니……."

그가 커다란 입을 가리며 간신히 장례식장에 어울리는 말로 마무리하자, 회장님이 낮은 소리로 꾸짖었다.

"허, 이메가 이 사람. 둘러대기는……."

어쨌거나 그는 회장님의 분신이나 마찬가지였다. 재벌회사 사장 때 그는 회장님처럼 일하고 있어서 일벌레이던 회장님의 마음을 흐뭇하게 하였다. 그는 회장님과 더불어 국내의 온갖 건설현장을 다니며 땅을 열심히 판 까닭에 '땅박이' 라는 별명이 추가됐다. 그 별명은 중동 건설 붐이 일어나던 무렵에 거의 그의 아호처럼 굳어졌다.

회장님이 소떼를 몰고 철조망을 넘어갔다 온 사건으로 국제적인 주목을 받게 되자 그는 그 일을 오랫동안 마음에 담아두게 되었다.

'그래, 사나이가 세상에 태어나서 큰일을 해야지. 회장님처럼 말이야.'

전설처럼 생을 마친 회장님의 뒤를 이어 마침내 그가 재벌회사의 회장 자리에 오르자, 그는 더욱더 많은 일들을 벌였다. 전국의 주요 도시와 마을과 길들이 그의 이름으로 뚫렸고, 그의 지시 한마디면 수백 개의 굴착기가 종일 산 하나를 무너뜨렸다. 그는 그 위세로 마침내 장안에 입성했고 장안 시장에 당선되었다. 그는 시장 재임 시절 입안 중인 건설계획이 시행되기에 앞서서 장안의 주요 땅과 건물을 사들였고, 그로 인해 수백 배의 재산을 불려 나갔다. 더격동의 금싸라기 땅 매입도 그 중의 하나였다. 그는 이밖에도 다른 지차체장들과의 정보 교류를 돈독히 한 결과, 전국 주요 도시와 마을의 건물 및 농지와 임야를 매입하여 엄청난 재산을 형성해 나갔다. 그는 시장 재임 동안 자신의 땅을 형의 명의로 두었고, 현금은 처남 명의의 차명계좌에 넣어 재산을 더욱더 늘려 나갔다.

그는 두 번의 의원생활 끝에 선거법 위반 혐의로 의원직을 내놓고 미국으로 갔다. 거기서 이메가는 선진 금융기법을 배운 뒤 귀국해 사이버 증권사를 설립했다. 증권 투자 귀재인 찰리 킴과 공동 명의로 비비튜를 설립하여 공동주주 및 공동대표로서 활발한 대외활동을 벌여나갔던 그의 기사는 도하 일간지에 빠짐없이 실렸었다. 이메가는 이처럼 언론의 주목을 받는 달인이었고 새로운 일을 벌이는 달인이었다.

총통의 큰딸 그네와 당내 경선을 치를 때만 해도 긴장감이 있어서 좋긴 했다. 이메가는 나름대로 스릴을 즐기는 타입이었다. 청와대에 입성하면 국정의 절반을 나눠 준다는 약속을 하면서 그네를 설득하자, 철옹성처럼 버티던 그네가 그의 편이 돼 주었다. 덕분에 그는 대선 때 그네의 전폭적인 지원에 힘입어 전국의 유세 지역에서 우위를 점할 수 있었다.

  대선에서 승리한 뒤, 그는 조금의 거리낌도 없이 그네를 팽 시켰다. 그러자, 예상했던 대로 '프렌들리 그네 그룹'에서 크게 반발했었다. 그로 인해 자칫 당이 두 개로 쪼개질 뻔했지만 그는 유들유들하게 웃으며 그 격랑을 헤쳐 나갔다. 재벌회사 사장 시절 총통에게서 큰 은혜를 입었던 그였지만, 그는 늘 자신만의 논리로 이 문제 역시 명쾌하게 정의했다.

  '공은 공이고, 사는 사일 뿐이야.'

  이메가는 아전인수의 달인답게 그네를 철저히 소외시킨 뒤에도 눈 하나 깜빡하지 않았다. 이메가는 추억의 실타래를 풀었다 당기기를 거듭하면서 마음의 평온을 되찾았다. 가죽점퍼와 가죽가방은 오르골 상자와 같았다. 지퍼를 여니 그 안에 오감을 만족시키는 지난날의 향수가 가득 고여 있다가, 태엽을 감으면 주인을 위해 온갖 소리를 내는 것이 여간 만족스러운 게 아니었다.

  '햐, 이 기분! 누가 알겠어?'

  이메가는 창문을 활짝 열어 젖혔다. 그때 멀리서 노래 소리가 들려왔다. 처음엔 「애국가」가 울려 퍼졌고, 뒤이어 「독도는 우리 땅」이 들렸으며, 나중엔 두 개의 다른 노래가 연이어 들려왔다. 처음 것은 어디선가 들어본 익숙한 노래 같은데 가사가 묘했고, 나중 것은 뭔가 대사를 읊조리거나 중이 웅얼웅얼 염불하는 것처럼 들렸다.

운하가 한강을 해치고 조령터널 넘으면

성공시대 쪽박차고 나라는 무너지네

반만년 배달민족 문화재는 물에 잠기고

역사 잃은 국민의 가슴엔 울화통이 터져오른다

독불장군 대통령 개념 없는 정치인 이 나라가 니꺼냐

국민 의견 들어라……

야, 이건 정말 심각한 문제.

Mad Cow, Mad Country.

소가 소를 먹고

속아서 널 뽑고

C.E.O 출신이 드디어 피를 말리네.

기업가, 나라를 기이어 팔아.

기억하라, 모두 이 치욕 하나하나 다.

소가 소를 먹고 아프고

우린 속아서 널 뽑고 앞으로

5년이나 기다려야 하는데

하루가 가는 게 너무도 더디기만 하다.

의료보험 민영화,

파나마 따라 한 파나마나한 대운하.

도곡동, BBK, DAS. 대체 누가
너와 비견될까? 백번 양보해도 납득이 안가.
비단 나뿐이 아냐, 모두 내 생각과 다 같으리라 봐.
정답은 이 하나, 30개월 이상 수입 금지.
뼛조각, 내장 등 SRM 금지.
검색순위, 여론 조작 마라.
우리도 알권리가 있고 살 권리가 있어.
살 떨리는 윗선들, 사고 친 후 입 싹-
떠넘기기 바쁘고, 우린 밥 떠넘기기가 두렵고.
이 조용한 언론은 대체 누구 입김인데?
너무나 평화롭게도 시작된 재앙.
누군가 막아야만 한다, 시간이 없다.

"각하, 앞에 건 「은하철도 999」 주제가에 가사만 바꾼 겁니다. 사람들, 참 싱겁기는……. 근데 뒤에 것은, 뭐라고 중얼거리는 걸 보니까 분명 랩은 랩인데……."

어느 틈에 집무실에 들어온 비서실장이 입가에 흐물흐물 미소를 깨물고 있었다. 비서실장의 얼굴을 본 이메가는 이마에 내천 자를 그리며 냅다 소리를 질렀다.

"비서실장, 지금 정신이 있는 거야, 없는 거야? 청계천 데모 상황을 보고하란 말 잊었어?"

"예? 아, 예에……죄송합니다, 각하."

그때 비서실장의 휴대폰이 삐리링-하고 울렸다. 비서실장이 집무실 귀퉁이로 걸어간 뒤 누군가로부터 보고를 받고 크게 놀라는 눈치였다.

"뭐? 청계천에 지금 수만 명의 시위대들이 데모를 하고 있다고? 이거 야단났군. 각하, 지금……."

이메가는 손을 저으면서 말을 막았다.

"아, 나도 방금 들었어. 빨리 경찰청장 바꿔."

비서실장이 급히 경찰청장에게 전화를 한 뒤 이메가에게 수화기를 건넸다.

"아, 납니다. 무장경찰 1만 명을 빨리 출동시켜서 청계천 시위를 진압하시오!"

모처럼 기분 전환이 되는가 싶었는데 해괴한 노래 소리 때문에 이메가는 거의 패닉 상태가 되었다. 어스름이 내리는 때, 이메가는 별안간 청계천 암행을 나서겠다고 했다. 비서실장은 잔뜩 긴장한 채 이메가 뒤를 그림자처럼 따라 붙었다. 그러거나 말거나, 청계천을 보니 묘하게도 기분이 상쾌해지고 들뜨기 시작했다. 장안시장 시절 청계천을 뜯어 물길을 내자 하늘 높은 줄 모르고 인기가 치솟았지 않았던가.

청계천 소라기둥 근처에 수많은 사람들이 손에 촛불을 든 채 앉거나 서 있는 게 보였다. 이리저리 흔들리는 촛불은 수만 송이

꽃인 양 느껴졌다. 이메가는 암행 나온 자신을 어떻게 알아보고 시민들이 운집해 있나, 하는 생각이 들자 문득 뭉클한 감동이 샘솟았다. 이메가는 자신도 모르게 손을 들어 시민들을 향해 흔들었다. 하지만 시민들은 아랑곳하지 않고 촛불을 든 채 뭐라고 외치고 있었다.

"자, 목을 풀기 위해 노래 몇 곡을 불렀으니 이제 구호를 한번 외쳐 봅시다. 제가 선창하면 여러분은 힘차게 외쳐 주세요."

"미친 소를—"

"몰아내자!—"

"미친 소를 몰아내자!"

"미친 소를 몰아내자!"

한쪽 손에 촛불을 든 채 나머지 한쪽 손을 일제히 치켜 올리며 외치는 고함 소리는 가까이 갈수록 가슴을 울리고 땅을 울렸다. '광우병 수입 반대', '미친 소를 몰아내자', '미친 소, 너나 먹어라!', '이메가 OUT', '쇠고기 협상 다시 하라!' 등이 쓰인 온갖 플래카드며 깃발이 펄럭이는 가운데로 가까이 다가가자 귀가 멍멍해질 정도로 함성 소리가 커졌다. 교복 입은 10대 소녀들과 앳된 중고생 남학생들, 그리고 아이를 업고 있는 젊은 엄마들이 많이 보였다. 넥타이를 맨 중년의 샐러리맨들과 나이 지긋한 할아버지들도 눈에 띄었다.

척척척척척-

시민들이 구호를 외치는 가운데 한 떼의 무장경찰들이 군홧발로 땅을 쿵쿵 울리며 운집한 시민들을 둘러싸기 시작했다.
경찰청장이 확성기를 든 채 소리를 질렀다.
"여러분은 지금 불법 시위를 하고 있습니다. 빨리 해산하십시오. 여러분 주위에는 폭력 시위를 주장하는 불순분자들이 있습니다. 그들이 여러분을 선동하고 있습니다. 선량한 시민 여러분들께서는 빨리 해산하여 귀가하시기 바랍니다."
사람들이 어리둥절한 표정으로 서로를 쳐다보았다.
"아니, 우리가 불순분자들인가? 폭력시위를 주장하고 선동하게? 피이, 웃겼어, 저 아저씨."
소라기둥께에 질서정연하게 앉아서 촛불을 들고 있던 중학생 소녀가 종달새처럼 말하자 샐러리맨 아저씨들과 아기를 업은 엄마가 마주보며 웃었다. 그때, 젊은 엄마 뒤로 나이 지긋한 파마머리 할머니 한 사람이 이메가와 눈이 마주쳤다. 그리고는 손가락으로 이메가를 가리키며,
"아니, 쩌그, 이메가 장로 아닌가벼?"
라고 한마디 했다. 사람들의 눈이 일제히 이메가를 향했다. 그러자 이메가가 아니라고 고개를 흔들었다.
"근디, 시방 저 사람이······나를 잊어뿐지면 워떡헌디야? 아, 주차봉사 헌답시고 일요일만 되믄 우리 권 양반 티코를 조망교회 주차장 근처에도 못 대게 허구 구박까지 줬던 사람이······내가 조

망교회 바로 옆 반지하에 세 들어 산 지 오래돼서 주차장이 여기밖에 없다고 여러 번 통사정해도 막무가내로 주차 봉을 흔들어 제끼며 야박시럽게 굴던 사람이 말여, 날 잊어뿐지면 되아? 응?"

이메가는 얼굴이 흙빛이 되면서 비서실장 뒤로 숨었다.

"아, 아니오, 사람 잘못 보셨어요. 나는 그런 사람 아니에요."

할머니가 자리에서 벌떡 일어서면서 고함을 질렀다.

"에끼, 이 사람, 이메가! 내가 조망교회 마당에 떨어진 은행 알을 좀 주웠기로서니, 교회 재산이라며 막무가내로 뺏고 밀어대기까지 한 몹쓸 위인아. 에끼, 이 떡을 할 눔아! 어허, 썩 물렀거라."

파마머리 할머니가 신들린 듯이 고함을 지르자 이메가는 "염병할, 아니라니까 그러네……."라고 씩씩대며 침을 퇴, 뱉은 뒤 비실비실 뒷걸음치더니 군중들 틈을 비집고 전투경찰 쪽으로 후다닥 도망을 치기 시작했다. '각하'라고 부르려다 이메가가 손을 막는 바람에 "가, 각……." 하며 말을 삼키던 비서실장도 그 뒤를 허둥지둥 뒤따라갔다. 이 모양을 바라본 군중들이 촛불을 든 채 일제히 구호를 외쳤다.

"미친 소를 몰아내자!"

"미친 소를 몰아내자!"

가까스로 전투경찰 근처까지 온 이메가가 숨을 헐떡거리며 하늘에 대고 중얼거렸다.

'주여, 용서하소서. 오늘 제가 세 번이나 저를 부인했나이다.'